Voce di una voce lontana
Forse qui, forse altrove, terra e spazio,
collegati, colleghiamoci
andiamo insieme
nei tragitti delle stelle,
nei passaggi della vita

Mi avete guidato, protetto, consigliato,
avete ascoltato le mie grida
e nobilitato le mie lacrime
sigillandole con il seme della speranza
nell'abbraccio di un destino superiore.

Ora posso dialogare oltre la mia sfera,
scrivere, riscrivere la storia.

Non ci sono varchi temporali
né pagine già scritte,
osservo il vostro messaggio
e lo traduco in queste righe,
perché così mi è stato richiesto.

Nebulosa dell'Aquila (M16) nel Serpente
(distanza: 7.000 anni luce). Nebulosa
diffusa a eccitazione o a emissione
contenente un ammasso sparso di stelle
giovani e calde; al centro si trova una
sorta di pinnacolo, sede di formazione
stellare. Immagine fornita da un
telescopio terrestre.

E' passato un anno, veloce e interminabile, 12 mesi dall'abbandono silenzioso di un progetto d'amore per concepire una nuova vita diversa, funzionale, gratificante, tracciata da un coro di voci lontane come un eco tra le rocce, sono venuto a cercarvi, sentirvi, a scavare nella terra bagnata e rifiorita, sono giunto qui, esattamente in questo stesso luogo dove prima vagavo smarrito e ora, guidato dalla vostra luce, so perlustrare, esplorare, colonizzare di pensieri ed emozioni le esperienze maturate nel mio spirito.

Ho dovuto stringere tra le mani il pugnale conficcato nel mio cuore, sanguinava color tradimento, infangato dalla ruggine crudele dei demoni figli di un grande inganno, su quale strato vivevo? In quale dimensione ero confinato, e tu, voi, noi tutti dove siamo ora e soprattutto… **perché?**

Sperduto nel traffico metropolitano, circondato da camion maleodoranti, bus climatizzati, intrappolato sotto una rete ad altissima tensione che trasporta energia tra le case, le industrie, reti per navigare, pescare, telefonare, spurgare, trasportare, trasmettere, spedire, inviare, pagare, rubare, sfruttare, imbrogliare, vedersi e nascondersi, fingere e conoscere, divulgare, vendere e apprendere, studiare, imparare, conoscere.

Nella fase quotidiana i giorni sono scanditi dal calendario, programmato e premeditato, previsto, scontato, ci sono le scadenze di fine mese e quelle dei primi, secondi, del 15 e del 20, quelle settimanali, il lunedì lavorativo e il sabato festivo, quello invernale, quello estivo, ricorrenze e anniversari, come se un immenso semaforo con 365 lampadine circa lampeggiasse in continuazione propagando oneri e doveri, impegni e appuntamenti, ricorrenze, abitudini.

Sì.

Le abitudini sono la grande fregatura dell'era contemporanea, della nostra, c'è sempre qualcuno o qualcosa che determina la scansione metrica e oraria della vita e tutto è perfettamente predeterminato: 8 anni di scuola dopo quelli dell'asilo, un altro mezzo decennio per un pezzo di carta con scritto "diploma" che serve per presentarsi con qualche chance in più al feroce mercato del lavoro che assorbe, fagocita, assimila, aspira quasi tutte le risorse umane possibili per favorire giochi di potere e di presunta evoluzione sociale. Ogni passaggio in più richiede lustri come se nulla fosse, la laurea e la carriera, specializzazioni per ottenere posti, inserirsi, avanzare tra le classi in una gerarchia di posizione in cui nessuno potrà mai sentirsi realizzato. E intanto passano, volano gli anni segnando la nostra pelle e la nostra anima, gioie, dolori, amori, sogni e progetti, qualunque cosa è scandita dal tempo che avanza senza concedere tregua né ripensamenti.

Avevo deciso di uscire da questo schema schermato, da questo labirinto ingabbiato, ma non ci sono metodi né strade per emergere dal tragitto di base, ho scelto d'amare qualcosa, qualcuno che non avrei mai visto né baciato, ho scelto il percorso più difficile, quello che non ha mappe né riferimenti, non ci sono indicazioni, non sapevo dove andare ma solamente che dovevo scegliere tra la morte creativa e la vita espressiva.

Difficile, ma non impossibile... è sufficiente

stabilizzarsi nell'instabilità, proiettarsi nel tutto-nulla come un missile libero da controlli teleguidati, una traiettoria balistica senza angoli né obiettivi, ecco il primo passo da compiere: lanciarmi, lanciarvi, decollare, partire.

Ho iniziato a camminare, la notte, nei campi arati, coltivati, concimati, ho seguito la crescita del mais dal primo germoglio, una peluria verde chiaro che saliva e si distendeva, sempre più alta, più ampia, fino a trasformare l'orizzonte in un dolce mareggiare accarezzato dal vento. Ho conosciuto il sapore delle risorgive e quello, meno poetico, dei Crispy Mac Bacon, alette di pollo, patatine Miami Fries, Sprite con molto ghiaccio e Sunday al cioccolato, alternavo la ricerca del mio cammino puntando un giorno sulla solitudine assoluta, un altro sull'immersione totale nel caos della civiltà.

Un giorno dialogavo con una minuscola coccinella, ascoltavo il ritmico canto dei grilli e sorvolavo con lo sguardo i campi di grano, coloravo la mia mente di ricche sfumature, tonalità armoniche, ero in sintonia, sincronizzato con le frequenze di un ciclo quotidiano che va dall'alba al tramonto e viceversa.

Poi mi asfaltavo in auto per cercare, proporre, aprirmi, propagandarmi, pur senza argomenti alla ricerca di contatti, idee, spunti, riflessioni, ma dove stavo andando, dove volevo, o dovevo andare?

Seguire un progetto interiore, lasciarmi guidare da una mano estemporanea, evanescente che pilota le mie ore manipolandomi e forse sfruttandomi.

O in alternativa rinunciare a questa terra promessa per conformarmi nel caotico tran-tran quotidiano, mischiarmi alle donne dimesse col vestito a fiori, uomini in canottiera, ciabatte e braghine, spalle sovraccariche di lentiggini e brufoli, la pelle sudata, lo sguardo spento al vuoto prospettico di un impiego fisso, garantito, per avere quella meravigliosa vita scontata dal primo all'ultimo giorno cui tutti aspirano per poi distruggersi in una noia preconfezionata e prevedibile.

Ma non c'è solo noia e mancanza di libertà, di stimoli o di sogni in tutto questo, c'è una visione sociale premeditata che fa gioco a tante persone che bivaccano tra milioni trafugati a destra e favori leccati a sinistra, gente senza scrupoli che conosce le mille sfaccettature della legge al solo scopo di aggirarle, ecco che prosperano queste meravigliose e floride aziende dove tutti hanno tutto ma nessuno ha intestato qualcosa, ecco le ridicole scempiaggini del comando e di tutte quelle istituzioni che esistono solamente per preservare il privilegio di pochi depravati e avidi malati di potere per infangare il cuore delle anime operaie, delle mani che coltivano, producono, elaborano, modellano, creano.

No... ho provato in ogni modo a rispettare questo diagramma dell'ipocrisia e mi sono sempre ritrovato altrove, per cui sono ancora qui, ad insistere sulla tastiera per diffondere e propagare un messaggio d'amore assoluto che possa diventare legge dell'universo intero.
Avanzo in questo progetto drammaticamente ostile con la stessa determinazione di un condottiero invincibile, quanti segni ho nella mia anima? Quante cicatrici? Ferite profonde, delusioni, stanchezza, amarezza, difficoltà. Ma è proprio quando le pareti a specchio

diventano invalicabili, proprio quando la valanga mi sommerge, i progetti crollano, le forze vengono meno, che il richiamo alla sopravvivenza mi spinge a cercare in fondo al mio cuore quelle residue gocce d'energia molecolare, frammenti d'ossigeno, calorie... non importa quante volte sono costretto a cadere ma solamente fino a che punto troverò la forza di rialzarmi.

Solo questo.

Chiarezza, consapevolezza, vivo in un mondo farcito di sapientoni, saggi, dottorati, illuminati che manco hanno la potenza in lumen di una lampadina da 12w, sono circondato dal vuoto eppure tutti si sentono pieni, ma di cosa? Di denaro? Di prosopopea? Di cultura? Di stupidità? L'ignoranza della saccenza è un delitto in pieno sole, la superficialità di un qualunque specialista è tragicamente stratosferica: chiunque eccelle in una disciplina sottrae potenza a qualunque altra possibilità di vivere.

Ma non è qui che mi devo soffermare, anzi, devo andare così tanto oltre che non degno neppure di uno sguardo chi non mi degna di uno sguardo.

LORO...

Mi hanno chiesto di tradurre la loro luce in vera luce.

LORO

Mi hanno chiamato, sedotto, io invocavo loro e loro invocavano me.

LORO

Hanno scelto di parlare attraverso le radiazioni cosmiche che tutti percepiscono ma nessuno traduce.
Mi sono ritrovato solo, così solo e assolutamente isolato da non poter fare altro che rivolgermi al cielo.
Non c'era un dio, non c'erano voci ma solamente luci, piccole tremolanti e splendenti scintille d'argento che costellavano, costellano, la volta notturna del nostro pianeta.
Ogni sera una stella diversa, ed è così che posso finalmente dialogare con qualcuno, senza paura di sentire falsità, senza bisogno di pensare, calcolare, riflettere.
Il dialogo con le stelle è la forma più

evoluta di comunicazione interiore, spazio tra gli spazi, silenzioso flusso d'amore tra figli della nostra stessa galassia, cosa giunge da loro a noi? E' questo che devo capire, tradurre, interpretare, ora sono nel vuoto più assoluto e ora più che mai sono in grado di ricevere, percepire, divenire il tramite fra un mondo lontano e la sfera terrena che mi ha partorito e ancora oggi mi avvolge nella sua atmosfera perché io possa crescere, pensare, capire, diffondere, riflettere, resto in contatto con il tutto e lo porto qui, perché **loro** desiderano questo, ci sono segreti che vanno oltre la banale comprensione, parole e frasi che rappresentano la totalità.

Basta mezze verità, dicerie, pensieri di parte, voglio quella parte d'assoluto che sta nella purezza e nella perfezione dell'universo, così mi è stato chiesto ed è per questo che, ora, riferisco giorno dopo giorno i messaggi che ricevo.

Paolo Goglio

presenta:

Parleremo alle stelle

8 Agosto 2012

Il cielo mi ha chiamato, un sottile velo bianco setificato traspare, loro distendono gli occhi, mi aprono, si sintonizzano, mi chiamano, ascolto, cerco la mano di mia madre e una lunga scintillante cometa attraversa lo spazio.

"Ciao mamma... Ti ascolto, ti vedo, lo so che ci sei, mi osservi, mi guidi, lo sento, grazie..."

Le persone care, amate, scomparse, appaiono lassù, idealizzate nel cielo stellato affinché vivano nel nostro cuore coltivando la speranza di un passaggio verso mondi migliori, verso l'eternità. Questa associazione tra l'amore e le stelle è un disegno molto ricorrente, molto bello, poetico, affascina e al tempo stesso conforta, creando il seme di quella fiduciosa linea di riferimento che ci consente di sognare.

- *"Parleremo con te, parlerai con noi, con tutti, tutto e tutte, abbiamo molto da dire e da dare ma solo alcuni ci possono ascoltare. Ora il tuo cuore è stato preparato, forgiato per ricevere i frutti delle grandi sorgenti cosmiche, energie lontane, prepàrati, preparalo, accoglici, ti accoglieremo..."*

Rimango nel canto dell'artistico grillo della notte, una mano sul petto quasi ad abbracciarmi, stringere in me le solitudini di un pianeta intero. Ho un giardino nuovo ora, ancora incolto, ci sono erbe da diserbare, semi da seminare, luci da spegnere, accendere, ho passato la motofalciatrice e il profumo di linfa penetra nell'umida aria di pianura, sono sdraiato, accaldato, stanco, ma ricevo il messaggio,

Io accolgo e accetto con grande onore di parlare alle stelle.

Parlerò con le stelle.

E tutti, noi tutti, parleremo con loro.

Luce che chiama, luce di richiamo, luci che ci chiedono di chiamare, ascoltare, scrivere...

10 Agosto 2013

La notte magica delle meteore mi chiama al fascino di un profondo dialogo di gioia. Scie di polvere fatata che scorrono ai miei occhi, riflettono le lacrime di un passato da prosciugare e mi donano la chiave di un desiderio d'amore.

- *"Porterai e porterete questa luce nelle terre lontane, diffondi, diffondila, propagate, divulgatela, ripulite le mani sporche di sangue e croste di malvagità, circondate le grandi cerchie dell'interesse, disciogliete l'avidità del primato e portate lo sguardo del mondo quassù, verso le origini e verso il futuro. Qui troverete il riflesso di tutte le risposte, copriranno come fiocchi di neve le inutili domande e capirete presto che chiedere, pretendere, esigere, ambire, corrompere, soggiogare e contaminare sono verbi sconosciuti e inutili nel profilo della Grande Globalità."*

Nebulosa del Granchio: resto di
supernova (distanza: 6300 anni luce).
Fine di una stella di massa superiore a
quella del Sole: il nucleo di ferro,
esaurito il combustibile, collassa in
una stella di neutroni e la materia
sovrastante vi rimbalza, producendo
un'onda d'urto che distrugge gran parte
della stella; formazione della
supernova, produzione di elementi più
pesanti del ferro; dispersione del
materiale nel mezzo interstellare.
Immagine fornita dal telescopio spaziale
Hubble.

14 Agosto 2013

Non so dove volgermi o rivolgermi, mi sento chiamato, invocato mentre io stesso grido e imploro queste nubi di spostarsi, scollarsi da questo lembo di cielo per lasciare lo spiraglio di comunicazione con i cieli superiori.

All'orizzonte tramano fulmini, figli di un potente temporale estivo, cumulonembi grigioscuri si addensano intorno a me e la pioggia scende benefica sulla torrida arsura, disseta i figli della natura e forse si interpone come un tessuto, filtrando lo sguardo e le parole, tra la terra e lo strato sottile di luce che filtra permeandosi al limitare della perturbazione vedo il segnale, il faro per la rotta odierna, sigla di un accordo di pace e amore che non ha e non vuole avere tregua: una meteora sibilante e splendente si incunea negli spazi interstellari e dipinge una traccia scintillante, ancora una volta devo ricredermi, accettare di compiere questo cammino nobile e consacrante perché certamente 'loro' hanno bisogno di me, forse poiché da anni rivolgo il mio sguardo lassù, forse perché le mie lacrime, i miei pensieri, i miei sogni e le mie preghiere sono sempre finite altrove, verso cime lontane, oltre le nuvole... eccole, le distese che cercavo, le praterie dove cavalca il cuore, le terre di mezzo, i sentieri dell'ovunque.

Non è ancora notte, eppure già ricevo messaggi, segnali profondi, il dialogo è in corso, vivo e aperto, non potrò spezzarlo finché il varco di luce mi chiamerà all'ascolto, mi pongo in ricezione e lascio che loro scrivano, attraverso le mie dita:

- *"Non devi uscire dalla sensazione del qualcuno, dell'ognuno, tutti devono essere e restare nel sé proprio, nell' "io"prenatale, non bisogna cedere al calcolo della propria identità, alla difesa del carattere e delle abitudini, nemmeno gli averi e i beni hanno una immobilità predefinita, esci da te stesso... esci e vai, non sei chi credi di essere, neppure chi gli altri credono che tu sia. Prendi la mano di chi sceglie di esserti accanto e incomincia a correre, lanciati dalla rupe di roccia*

affilata e vola, devi dimenticarti,
dischiudi le tue braccia, trasformati
nel Falco delle Stelle, Aquila della
Notte, Condor infuocato che si
dischiude nei raggi argentei della
Grande Luna… Riunitevi e volate,
correte, siete oro e cristallo, sorgenti
ed oceani, nessuno spenga la luce del
proprio spirito creativo, lanciatelo ed
esprimetelo, non pensate al pensiero,
non credete ad un credo, non limitate
tutto al limite di chi delimita,
all'argine di chi argina, alla barriera di
chi vive per recintare. Quello è
bestiame, anime di un'era ancora
remotamente arcaica, mandrie da
evolvere nelle prossime sequenze
geologiche ma tu non sei parte di
questo ovile primordiale, nessuno è
predestinato al grigio macello
preconfezionato, nessuno nasce già
numerato, catalogato, meno che mai
predestinato.

- *Ecco dove devi, dovete, dove tutti*
  DEVONO intervenire per liberare i
  flussi intrappolati di energia creativa,
  di amore, pensieri e sintonie del

sogno, frutti delle fantasie universali, qui dovete venire, indirizzarvi, volare, qui tra le stelle, cantando nel silenzio delle vibrazioni e delle frequenze vitali, potenza di una ideologia senza ideologie, la forza del vuoto libero da resistenze, un flusso armonico di desideri e progetti.

- Progettate. Desiderate. Amate. Ora potete salire, ridiscendere, non date più importanza ai traguardi, all'arrivo, alla vetta, alla distanza, alla dimensione, al valore... siete nel verde di una foresta tra miliardi di foglie, nelle fessure azzurre del cielo segmentato dalle nuvole, frazionato, mille forme si disegnano intorno a voi, in progressiva mutazione, sviluppo, si assemblano e si sovrappongono, salite, SALITE ANCORA, trapassate le onde del mare blu, sorvolate le isole, è qui che dovete giungere, tra di noi, tra le stelle... "

Figli della Materia Madre,
ascoltando la nostra voce sentirete il
vostro cuore

15 Agosto 2012

Ho aperto le mappe stellari, pensavo fosse importante sapere con chi stavo parlando, rivolgermi ogni sera ad un astro diverso che mi chiamasse al suo cospetto con il magico palpito della luce.
Sirio, Procione, Alfa Centauri, Vega, Orione, Cassiopea, Auriga, Andromeda, Ercole, Eridano, Giove, Marte e Venere... Sentivo il bisogno di chiamarle per nome, identificarle, progettare un percorso di dialogo, pianificare, mappare, distinguere, nominare.

Così mi sono rivolto a Lei, regina delle stelle, pianeta dell'amore e della sensualità, sdraiato nel silenzio ho ascoltato le parole di Venere:

- *"Io sono parte del tutto e il tutto è parte dell'infinito. Io non sono Venere, non sono stella né pianeta, non c'è sistema solare e neppure via lattea, spazio o costellazioni... queste sono parole, nomi, identificazioni pittoriche del vostro bisogno nomenclativo di catalogare,* spiegare e cercare risposte alla sete di conoscenza che fertilizza la mente e inaridisce il cuore.

- Esci, uscite, usciremo insieme da questo labirinto senza scopo e senza scampo. Non è qui che dovete atterrare, allunare, non è Marte che dovete conquistare. Per quanti satelliti lancerete, per quanto spazio conquisterete saranno solamente frammenti pulviscolari nella Grande Sfera delle Sfere e non serviranno a nulla.

A nulla!

Rimanete nell'ascolto e nell'osservazione, trasmettete e ricevete con i canali della vostra anima, senza domande, se cercate risposte, senza progetti, se cercate un futuro.

Qui non c'è scritto nulla, non ci sono calendari, leggi, sigle e meno che mai influenze sulla vostra vita, sul libero arbitrio o sul destino.

- *Voi siete nella più assoluta libertà di scelta e solamente la vostra modalità esistenziale condiziona quello che accade nel piccolo ambito del singolo individuo. Solamente questo. Astrologia, ufologia, oroscopi, ascendente zodiacale, orbite, passeggiate nello spazio, la conquista della luna.*

Osservate, ascoltate la straordinaria minimalità di tutto questo, trasmissioni radiotelevisive rimbalzate su ripetitori satellitari, ricevitori, antenne... mentre noi creiamo nuove forme di materia voi siete fermi con il telecomando in mano, infrarossi e ultrasuoni,

analogico e digitale, qui ci sono raggi che scaldano il vostro cuore miliardi di anni dopo la loro stessa scomparsa, velocità della luce, parsec, unità di misura che collassa tra la materia e l'antimateria, lo spazio e l'iperspazio, sfruttate la nostra energia ma cosa farete quando il nostro fratello sole sarà stanco di scaldarvi, illuminarvi, irradiarvi, ravvivarvi, dove sarete? Deserto nei deserti, polvere di cenere, non aspettate il Grande Buio, vivete ora questo straordinario atto che voi chiamate nascita, non siete qui per distruggere ma per coltivare quello stesso spirito che non volete riconoscere, amare… Lo chiamate psiche e lo massacrate di nozioni, ricerche, lo martoriate di psicofarmaci, lo profanate con le discipline mediche e farmacologiche, professate una fede miscredente in ideologiche raffigurazioni di un aldilà che non è altrove ma è già qui, nel tutto stesso di cui fate parte. Siete giardino della vostra anima in un sistema di fratelli, sorelle, nella più assoluta uguaglianza, senza diritti né doveri ma irrigati e alimentati dalla libertà creativa, propositiva, conoscitiva. Chiudete i libri, spegnete le conoscenze e come un delfino nel mare, colorate la vostra vita delle **G**randi **A**rmonie che vi abbiamo donato, parlate... con il sole e con la luna, loro vi sono vicini, vi amano, vi assistono, donano luce senza bisogno di utenze né bollette da pagare, non è straordinario tutto questo?

Una fornitura gratuita e disinteressata!

Non siete abituati, lo so... ma ora accade, accadrà, quando volgerete lo sguardo alla totalità molte cose cadranno nel nulla, il superfluo, l'inutile ammasso di inutilità, quei traguardi sociali che deformano l'intera esistenza mercificandovi come prostitute al mercato del tempo, niente ore né minuti, orari, appuntamenti, ritardi, scadenze, libertà temporale, qualcosa di immensamente nuovo e sconosciuto vero? Ma ora basta, basta contare gli

anni e le primavere assillandovi tra la
giovinezza e la vecchiaia, basta...
prima volete crescere e poi non
volete invecchiare.

Passate la vita così, fuori dal tempo,
fuori da voi stessi, fuori dal Tutto che
è qui per accogliervi e non per
annientarvi. .

E' vostra la confusione, solamente
vostra, figlia della presunzione
conoscitiva, dell'involuzione
spirituale dovuta all'incapacità di

*amare e riconoscere l'amore come
sola forma di scambio universale*

*E ora rivolgiti a me, a noi, parlate con
noi, senza lo specifico impegno di
chiamarci per un nome che non è il
nostro, senza volerci identificare,
siamo tutti nel tutto, noi, voi, tutti...*

*Volgerete lo sguardo al cielo e
sentirete la presenza e l'importanza
della totalità che è già in voi."*

16 Agosto 2012

Destra, sinistra, sopraesotto, il mio sguardo vaga, impietoso scetticismo che non riesce a scollare ciò che penso da ciò che vivo... perché devo essere mio memore e cantore di tutto questo? Perché non posso essere altrove, a cantare gioie sulla sabbia, intrecciare perle sotto le latifoglie tropicali, salire sulla vetta e scendere camminando, scivolando nel greto di un torrente, come un'amazzone, una *gazzella*, un raggio biondo che dona parole sensuali e solitarie al mondo che sogna un suo bacio, un suo tenero gesto, una parola...
Sono troppe, siete troppe, ho provato a documentarmi, capire con **CHI** sto parlando, ho rischiato di annegare nel cratere del troppo, nel mare dell'eccessivo, così ora mi sto calmando, eppure sono qui, sdraiato ancora, anche stasera, stanotte, non ci sono nubi, non ci sono veli, non ci sono segreti.
Socchiudo lo sguardo e lo riapro, le palpebre tremano, fremito di lacrima, dove sono finito? Perché non sono altrove, perché perché perché??? Ho voglia, non ho voglia di questa cosa, sto combattendo tra

il razionale e la sopravvivenza, ho caldo, molto caldo, sorseggio crema di whisky con molto ghiaccio, moltissimo ghiaccio per raffreddare, ma loro mi avvolgono, mi coinvolgono, mi circondano, sono ovunque e in fondo, amo tutto questo, adoro sia così e ascolto:

- *"Solo, sei solo... come una stella, come un pianeta in rotazione permanente, sei circondato da miliardi di gemme, sei perfettamente collocato nel sistema dove tutti si muovono autonomamente, periodicamente, ciclicamente,*

incrociano tutto, incontrano tutti e
nel gioco delle polveri e delle
schegge, miliardi, miliardi di anime,
corpi, materie, meteore, masse, si
muovono… tutti siamo in
movimento, tu, noi, loro, tutti! Lei
cammina, corre, forse è accanto a te
e forse è lontana, forse non esiste,
ma cosa importa?

La solitudine è il tuo scudo
atmosferico, il tuo silenzio, le tue
lacrime sono piccoli fenomeni meteo
che stazionano intorno al tuo cuore,
ma quello che conta è l'essenza di
tutto questo, non la superficie o la
presunta sostanza, conta solamente il
nucleo del nucleo, la particella più
infinitesimale in cui si concentra la
tua centratura, sintonizzati, ora
sintonizzatevi, sintonizziamoci, non
pensare, non credere, non c'è nulla da
capire, nessuno di noi pensa, crede o
capisce, accettiamo il tutto e ci
onoriamo di farne parte, perché
cercare spiegazioni, perché misurare,
calcolare leggi fisiche e distanze
siderali?

Io guardo di fronte a me e vedo,
osservo e ascolto, null'altro...
null'altro..."

Sì forse devo smettere di pensare, devo
farlo, spegnere la mente che ragiona e
vuole connettere, assemblare riflessioni,
uniformare ciò che sento a ciò che penso,
vorrei uscire ma amo restare, mi sento
protetto, integrale, completo, vivo sotto le
stelle e parlo, parlerò, parleremo con
loro...

Crateri come voragini, abissi come
pensieri, uniti da una sola forza
congiunti dalla stessa origine

22 Agosto 2012

La solitudine ha avvolto le mie spire, svuotato le mie braccia e le mani che non hanno altro, solo ricordi da abbracciare, solo ombre intrecciate intorno a me: sono le figure esistenziali che sfiorano la mia cerchia, compaiono sotto abiti invisibili per attingere alle parole che ricevo.

Percepisco che devo trovare coraggio, tenacia, perseverare in quello che sento e non in quello che altrove è venduto a caro prezzo. Non è qui che troverò tesori e ad alcune cose devo rinunciare, la serenità, la compagnia, la comprensione, l'accettazione. Nella mia chiarezza sono costretto comunque a violentarmi, a chiedermi cose cui gli altri non hanno e non sanno dare risposte. Io le avevo trovate da tempo, molto tempo, ma i libri dicono diversamente, la televisione la pensa in un modo diverso e poi la chiesa, la scuola, i luoghi comuni, il sentito dire, le chiacchere, il dialogare, discorrere, insegnare, studiare... tutto dice diversamente.

Ma non fa nulla.

Resterò eremita sulla roccia solitaria,

disperso nell'isola delle anime abbandonate, abisso negli abissi, voragine nelle voragini, mi volto verso destra, e ricevo amore:

- "Non ci sono solo Anime smarrite, ma soprattutto anime confuse. La caduta dei grandi dei della storia, la crisi di valori riemersi grazie al crollo dei sistemi di origine, ha determinato nuovi pascoli e nuovi terreni, erbe da raccogliere, frutta da coltivare, ma l'involuzione primitiva è radicata nei codici genetici e nella struttura formativa, pochi, pochissimi riescono ad emergere con chiara determinazione, sono coloro che non hanno fatto patrimonio incondizionato delle ceneri del passato, hanno cercato nuove vie, strade di autenticità e coerenza, si sono spinti verso i confini del recinto con il coraggio di osare e scavalcare lo steccato sorvegliato da oscure forze dell'inibizione.
  Alcuni di loro hanno scoperto la luce dei Grandi Tramonti e, dialogando con lei, hanno liberato la propria

anima dalle contaminazioni della
parassitosi religiosa, si sono scrollati
di dosso gli afidi culturali e le
sanguisughe sociali, gli infestanti
educazionali e le paure primordiali.
La maggior parte purtroppo vaga in
un limbo senza terra né confini, senza
notte, senza giorno. Vagano e
vaneggiano.

Sono liberi ma smarriti.
Aperti ma confusi. Guardano indietro
e si sentono avanti ma non osano
vivere oltre, si fermano in prossimità
del recinto e vivono poco fuori dal
perimetro. Chiamano libertà la loro

*stessa prigionia. Chiamano
consapevolezza la loro stessa
confusione.*

*Ecco perché nascono migliaia di
discipline parareligiose, filospirituali,
ecco perché prospera il mercato dei
ricettacoli, la manualistica e la
presunta saggistica. Ecco perché ogni
fantasiosa teoria sulla realizzazione
del proprio sé attecchisce e si
propaga, senza per questo liberare
nulla e nessuno, senza risolvere altro
che il dilatarsi dell'area recintata,
creando un successivo bacino di
contenimento come se il grande
gregge necessitasse protezione. Ma
questa è falsa libertà, questa è
schiavitù autentica. Parlate con noi,
liberatevi, dialogate con il cielo e le
luci della notte, sentite quanto spazio
c'è per scorrere nei tragitti infiniti
delle energie cosmiche, quanta
potenza gravitazionale sostiene
immensi equilibri, quante masse
gassose, quanti corpi celesti, quanta
materia, quanto spazio...
Fuori dal vostro guscio, dal vostro*

dio, **sarete dei del vostro cuore**, protettori del vostro vivere, custodi dell'amore e della vita, spegnete il televisore, chiudete il notiziario quotidiano e sintonizzatevi su questi canali di trasmissione, senza canone, senza tasse da pagare, senza pubblicità né break promozionali, parlate anche voi, ogni sera, con una stella diversa."

23 Agosto 2012

Le iene tornano a mordere, tentare, ammaliare, provocare, i rapaci e famelici avvoltoi ricompaiono sempre a cercare di sbranare il nostro cuore, a banchettare sulla nostra capacità di esistere, essere e amare, ma ora sono protetto da un manto di energia cosmica impenetrabile, ora sono figlio delle stelle, portavoce di un messaggio di amore che niente, nessuno può scalfire a fatti, né a misere parole…

- *"Non hai sentito nulla, non c'era nessuno, sono parole al nulla, al nulla che è stato, al nulla che sarà, non ci sono pensieri figli del macabro percorso di distruzione, non ci sono parole figlie dell'inganno, non è stato nulla, nessun momento, nessun insieme, nulla di bello, solamente il canto di una sirena che conduce agli scogli, al delitto del naufragio, nessuna parola, proprio nulla…*

  Il suo 'oltre' è la melma delle generazioni di fango, la palude della superficialità, la sua crescita è il recinto che circoscrive l'ovile delle pecore che sciamano come vipere nel giardino degli avvoltoi, assetati di giudizio e di presunzione non fanno che misurarsi con l'invidia delle loro azioni per dosare l'inutile rincorsa verso il baratro della povertà esistenziale, girate largo da queste iene fagocitanti, da questi sciacalli senza cuore, restate nella vita, nella gioia, restate sempre nell'amore... sempre... ♥"

Distinguere, dobbiamo distinguere il bene dal male, la certezza dall'insicurezza e devo farmi forte, dobbiamo essere forti, resistere senza cedere, proseguire senza cadere, la tentazione dell'oscuro è sempre accanto a noi, prigioniera delle sue nefandezze e della sua sete di amore non fa altro che spargere sale sulla cenere per desertificare la nostra anima, per inaridire i passi che faticosi avanziamo contro ogni difficoltà, ma noi siamo guerrieri, combattenti di un seme superiore che porterà frutti colorati e ricchi di dolcezza, sapori e profumi, morbidezza, sapienza... non devo cadere in questa trappola declinata e deprimente, devo resistere, dobbiamo resistere, lasciate silenziose che si spengano le parole dell'invidia e della volgarità, lasciate che la grande presunzione del giudizio e del rancore riecheggino nel nulla, non date cibo da saccheggiare, lasciate che queste anime intristite dal proprio grigiore e dalla propria fame di purezza si sgretolino come argilla al sole, io diventerò luce, voi diventerete stelle e loro, artigli del demonio, saranno solamente ombre senza fango da sgretolare, senza melma da inquinare, senza spiragli, senza speranze, senza amore...

- *"C'è uno spazio apparente che chiamate 'vuoto', c'è l'immensità sconfinata di tutto ciò che intercorre tra l'essere e il non-essere, tra la materia visibile, l'antitesi tra la luce e il buio. Ma tutto è nell'Insieme Universale, il movimento equilibrato e le forze che governano la Stabilità della Creazione, questo è il tutto di cui tu fai parte, tutti sono parte di una cella esistenziale, il tutto è nella completezza e nella totalità di questo* insieme, ecco il segreto del tutto e al tempo stesso ecco il segreto del nulla, distendi le braccia per accogliere la sfera che ti circonda e ti avvolge, come una bolla di cui sei centro, creato e creatore, non esiste diametro, non ci sono volumi, semplicemente tu sei il centro del Tuo Universo e ognuno, ogni cosa, ogni forma di vita, ogni molecola, ogni particella è centro del proprio Universo... ora possiamo collegarci, unirci, sentire questa rete che collega il piccolo atomo alla galassia sconfinata, l'unione accade nella fusione nucleare esattamente come avviene per via tecnologica quando si producono forme di energia: qui sono i confini tra la scienza e la conoscenza, un passaggio sottile, quasi impercettibile, ma oltre la produzione di una forza sfruttata sul piano empirico per la gestione di tecnologie, avviene qualcosa di molto più ampio, si uniscono elementi, la natura converge unificando il positivo al negativo, il maschile al femminile, è qui che, non a caso, nasce una nuova vita. L'unione avviene per via corporea ed extra-corporea, le grandi reti spirituali sfruttano questi canali di comunicazione per associare forze in un'unica direzione, si uniscono sotto la medesima luce di riferimento identificandola in un credo religioso o ideologico, questo è secondario, purché avvenga, amore per procreare, amore per fecondare, amore per nascere, rinascere, evolvere, crescere, come un esercito che combatte il vuoto interiore per unificare il regno della luce tutti possono unirsi, sincronizzarsi, non occorrono preghiere, non ci sono timori né offese ma solamente una grande pace, una serenità assoluta perché tutto avviene sul piano della perfezione.

Non è qualcuno colui che governa, non ci sono timonieri né paladini, non ci sono singoli elementi, il bene è nell'amore che collega ciò che è sintonizzato sulla frequenza dell'amare, il male è nella violenza che distrugge, ma tutto avviene nello stesso ambito di equilibri globali, stelle che fondono per dare vita a nuove stelle, anime che fondono per dare vita a nuove creature, puoi scegliere, potete scegliere, tutti possono scegliere tra il bene e il male e tra le infinite vie di mezzo, in ogni momento, non c'è un bene assoluto ma solamente oscillazioni verso il bene o verso l'antipodo dell'amore, posizionati, posizioniamoci, posizionatevi liberamente, non cambierà nulla fuori di voi ma, quando siete nell'amore, cambia tutto dentro di voi.

Ecco, **questo è il tuo, il vostro libero arbitrio.**

Sintonizzati ora, con grande consapevolezza e libertà d'azione, di pensiero, sulla frequenza che desideri: i popoli che si unificano nel disegno dell'amore propagano la pace e l'equilibrio creatore, sono anime congiunte nella fratellanza, nel progetto costruttivo, nella rete creativa. Nessuna guerra ha mai distrutto l'amore, nessuna dottrina *ha mai omesso il bene per difendere il male, le ideologie del potere si perdono sempre nella secchezza del loro stesso vuoto inaridito. Faranno passaggi successivi per convergere alle frequenze di pace, semplicemente sono più involute, è come salire una montagna partendo dal mare, oppure dal profondo di un abisso oceanico, ci sono terre emerse che svettano verso i cieli e profondità abissali. Venite a noi, scegliete di salire, emergere, uscire dalle voragini torbide e oscure, unitevi per camminare, marciare insieme, condividete, convivete, collegatevi, amate ed amatevi..."*

25 Agosto 2012

A volte sento ferite che bruciano, sanguinano ancora, per quanto lontane siano le cicatrici di origine, le lacrime riemergono dal passato che rivive in me, come una matrice indelebile, i ricordi di un amore smarrito, la mano materna protesa tra le rondini e le nuvole, il fragore di un forte temporale, la malinconia delle foglie accartocciate dal gelo, il silenzio della brina, le palpebre rigonfie di tristezza, malincuore, come se un autunno interiore mi portasse imprevedibilmente a sfiorire, senza preavviso, senza ragione, o forse la motivazione principale è proprio nella mia capacità di custodire nella preziosa ampolla della mia anima anche i momenti difficili, quelli che con enormi sforzi da sempre cerco di rimuovere.

Ma non è drammatico ciò che accade quando rivivo, i drammi e le gioie che sono stati, che sono state, si rimaterializzano solo emotivamente, nulla accade ora, è un riflusso superficiale e la scia umida che scende sul viso a volte impreziosisce la mia sensibilità, la gratifica, la nobilita.

In questi momenti, come ora, mi è difficile alzare lo sguardo da terra, l'istinto mi spinge a seguire le mie orme come se il cammino sia improvvisamente instabile, insicuro, accarezzo la sabbia e la stringo nel pugno, qualcosa da lanciare lontano, una pietra, un ramoscello avvizzito, un grido rabbioso e feroce...

Ma anche il lupo ferito si rivolge alla luna, anche il leone, la tigre, le fiere aggressive, i predatori, i rapaci, i capobranco e i leader sovrani, i capopopolo, così come chiunque e ovunque, invocazione solitaria di ogni cuore della foresta, ogni spirito delle acque o delle praterie, il soffio vitale è la nostra aura circoscritta all'individuo e amplificata negli universi.

27 Agosto 2012

C'è uno spartiacque, simbolico chiaramente, che divide i bacini e l'habitat in cui ci destiniamo a vivere, una separazione fondamentale che caratterizzerà a lungo i piani della nostra esistenza, le scelte e persino i valori: è da qui infatti che ci ritroveremo nella quiete o nella tempesta, nell'amore o nella mestizia, nella trasparenza o nell'opacità delle nebbie ottenebranti che attanagliano in una morsa dolorosa il nostro cuore e circoscrivono lo spazio delimitando le coscienze alla rassegnazione e alla rinuncia.

Mi ritrovo così a riflettere questo pensiero di elevata consapevolezza per ascoltare la mia posizione, è una specie di segnale GPS che definisce le coordinate e le polarità della mia esistenza attuale.

La mobilità è uno dei nostri piccoli, lucenti segreti. La capacità di modificare, adattare, cambiare, riequilibrare. E' proprio come quella mappa più o meno attendibile in cui il navigatore indica dove ci troviamo e cosa abbiamo intorno a noi. A volte manca il segnale, a volte la mappa non è aggiornatissima oppure i parametri non sono stati inseriti correttamente o ci sono imprevisti, strade che hanno subito modifiche, lavori in corso, deviazioni provvisorie, poco importa... Viene immediatamente calcolato un nuovo percorso e indicata la nuova direzione da seguire, il mondo cambia intorno a noi e noi ci adattiamo a questo, accade nel corso delle stagioni quando cambiamo abito, alimentazione e stile, perché fatichiamo tanto invece a cambiare le cose che non vanno? Le abitudini creano radici a volte molto profonde, ma è solo apparenza. Ci ritroviamo piuttosto in un versante anziché un altro e questo tende a qualificare, contraddistinguere e definire la quotidianità non solo per un singolo giorno, ma spesso per molto tempo, archi annuali, decenni interi. E' importante questa presa di coscienza, questa visione, perché ci consente di essere in fase con la nostra linea evolutiva, la nostra crescita, il percorso nostro e di chi appartiene alla cerchia familiare e conoscitiva, amici e figure di riferimento, ideologie o bandiere, un po' tutto viene coinvolto e condizionato da questo nostro posizionamento ed ecco perché lassù abbiamo creato dei segnali di riferimento universali, visibili da tutti e per sempre.

Sono millenni ormai che l'umanità naviga, vola e cammina seguendo la rotta delle stelle, non è indicativo questo? Se abbiamo anche minimi dubbi di dove siamo posizionati rispetto allo spartiacque, rispetto al nostro percorso terrestre, sappiamo dove guardare, sappiamo **CHI** ascoltare.

- *"Noi siamo qui per indicare, orientare il cammino, per suggerire i passi, segnalare i passaggi, ma la guida della vostra anima sarà sempre la vostra libertà d'azione, il potere di scelta è nell'arbitrio più incondizionato, non ci sono forze che condizionano le azioni, ma solamente eventi che possono deviare, penalizzare, affascinare, tentare... non c'è veramente nessun pericolo in tutto questo e basta alzare lo sguardo se avete dei dubbi, giorno o notte che sia saremo sempre riferimento per* chi sceglie di ascoltare, riorientarsi, riposizionarsi. E tutto avviene istantaneo, immediato, non ci sono cicli né attese da scontare, siamo nella contemporaneità più assoluta, come il timoniere che cambia rotta o il marinaio che alza le vele, è questione di attimi, nessuna fatica e meno che mai dolori.

Eppure a volte si persevera nel coltivare fiori che non si apriranno mai, anziché la musica e il silenzio ci si circonda di fracasso, disordine, caos, le sussurra diventano grida, i colori diventano una scala di grigi senza tonalità né calore.

Volgete lo sguardo al cielo, ascoltate, posizionatevi, orientatevi.

E ripartite.

Anche quando la rotta dovesse essere completamente opposta alla direzione attuale, bastano pochi attimi per riaccendere le fiamme della vita, dell'amore, della pace, della *felicità e della serenità... pochi attimi ed è subito tutto diverso. Volgersi, rivolgersi, reinstradarsi, reindirizzarsi, non costa nessuno sforzo, nessun impegno anzi, gratifica noi stessi e chiunque sia intorno a noi, spesso ci ritroviamo a fare luce e diventare faro guida per molti altri che ancora barcollano nelle melme o nell'oscuro.*

Quanto è semplice tutto questo e noi siamo qui per questo, __anche__ per questo!

*Non guardarci, non guardateci con la costernazione dei misteri senza risposta, con la paura dell'ignoto, dell'immensità, non sentitevi piccoli rispetto all'Universo ma gioite perché SIETE PARTE DI QUESTO UNIVERSO, è questo il primo Grande Orientamento da seguire, **gioire** perché siamo e **non soffrire** per quello che non siamo.*

Se c'è sofferenza per un "non-essere" sarà sufficiente riorientarsi verso ciò che non siamo per divenire ciò che desideriamo, ma poi questo accade e si persevera nella sofferenza... A noi lo sguardo, a noi il cuore, a noi lo spazio per entrare, avvolgervi, proteggervi, guidarvi... lasciatevi abbracciare, cullare, scaldare, siamo la Terra dell'Amore, siamo le luci che brillano, siamo gli occhi della notte, puntini dorati, raggi argentati, veli di seta cosmica che accarezzano i primi passi incerti e solitari, scie cristalline, rifugio dei cuori solitari, capanna, nido, riferimento d'amore, innamòrati del tuo cuore, della tua vita, del tuo cammino, e come tutti gli innamorati volgerai lo sguardo a noi e ti sentirai felice."

31 Agosto 2012

Molti mi domandano come sia possibile conciliare un modo di essere, scrivere o pensare, con uno stile differente, frutto di momenti ed espressività diverse...

- *"Sono dei blocchi interiori dettati dell'abitudine schematica di distinguere anziché unificare, dividere anziché integrare le grandi risorse della nostra sfera espressiva.*

  *Quando vi collocate in una forma dimensionale, potete uscire, rientrare, cambiare tutte le volte che desiderate, non ci sono obblighi né costrizioni, eppure **c'è questa rigida tendenza a creare distinzioni che equivalgono a delle interpareti interiori,** delle stanze separate come se fosse possibile avere dei compartimenti stagni nella vostra personalità, nel vostro essere...*

  C'è assoluta, assolutamente libertà di sussurrare oppure di gridare, scrivere poesie o dipingere tele d'autore, graffiti murali, pulire e sporcare, aiutare o chiedere aiuto, sussurrare o gridare, accendere o spegnere, correre, volare o soffermarvi sulla scogliera che infrange le schiume dell'oceano, sulla roccia scheggiata dal ghiacciaio, tra le spire del tornado o nell'aria immobile del deserto...

Come potete pensare che sia sempre e tutto un solo, unico insieme? Come potete pretendere di avere una sola uniformità quando ci sono migliaia di pensieri, momenti diversi tra loro? La rabbia convive con l'amore, la dolcezza con la solitudine, la gioia con la malinconia. Invece di frastornarvi per raggiungere uno status monofonico e preconfezionato in cui vi definite 'sereni' piuttosto che 'felici' piuttosto che 'realizzati' o amenità di questo genere, preoccupatevi piuttosto di decongestionare questi blocchi del vostro traffico spirituale, sono ostruzioni forzate che servono solamente ad incanalare le energie espansive e comunicative per limitare

il vostro raggio d'azione.
Prendete cura della vostra
personalità e impegnatevi ad
accettarvi anziché modificarvi, è
molto ma molto più semplice!

Non potete pensare di essere amati
quando sfogliate i petali dorati di una
gerbera e di non esserlo più quando
siete elettrizzati da un evento
negativo, da una qualunque forma di
stress ed esternate il vostro stato
d'animo in maniera certamente meno
poetica e romantica, magari
provocati da eventi esterni o da
concomitanze negative che si
sommano alterando il benessere.
E' normale!

Accade a tutti e ovunque,
semplicemente voi passate il tempo a
combattere questa vostra libertà per
autoinscatolarvi in uno stile che possa
caratterizzare e identificare il vostro
carattere.

Essere calmi, agitati, pacati o
frenetici, delicati o irruenti non è

un'etichetta cucita in voi da rispettare per avere una forma, un modo di essere, una definibilità, sono momenti diversi del vostro animo che potete modellare non dentro, ma fuori di voi! Modificando i luoghi e le persone che frequentate, cambiando ambienti, spazi, lavoro, auto, orari e riordinando in un modo differente la vostra vita in genere.

Questo non pregiudica però la vostra salute mentale, non sarete pazzi, non diventerete malati...

Chi osserva queste libertà espressive e le definisce 'incoerenza', 'mancanza di carattere', vive certamente sigillato in un vocabolario autotraslato tra i modi e le forme di un qualunque schema culturale o educazionale, è possibile uscirne senza divenire volgari, è possibile liberarsi senza violenza, senza ferire nessuno, è solamente un breve passaggio tra le luci del mattino quando le stelle si spengono una ad una e le tinte dell'aurora

*preannunciano lo straordinario
evento quotidiano che riconduce alla
luce, che riporta al risveglio."*

*Siete come esistete, in ogni vostra
forma, in ogni vostra cellula,
diversificatevi e vivete...*

2 Settembre 2012

E' l'ora del cammino, riflessiva ricerca di uno spazio più ampio per respirare parole e pensieri, per osservare, ascoltare, rumori e riflessi, sono circoscritto da strade e sentieri, passaggi, ponti e raccordi, l'acqua scorre intorno a me e viene sfruttata, incanalata, arginata, acque di raffreddamento, depurazione, ci sono gabbiani dalle ali bianche e aironi color cenere, beccheggiano tra la schiuma nei rigagnoli, si muovono le foglie, c'è un vento leggero e un grande, sconfinato panorama celeste che trasporta nuvole lontane, mi colloco qui, esattamente al centro di questo sistema per capire questa percezione integrale che mi attraversa da qualche giorno: solamente io ricevo questi segnali? O tutto avviene nel segno di un progetto fluido e progressivo di cui tutti facciamo parte?

- *"La sabbia, la ghiaia, la roccia, le acque, la terra, le materie prime e i derivati dalla materia, gli agglomerati, i metalli, i componenti allo stato gassoso, le particelle che* volteggiano nelle masse d'aria e tutti i componenti, gli elementi, le interazioni, concorrono a creare e modellare, rifinire, costruire questo ciclo evolutivo che scorre parallelo al progresso umano, fatto di conoscenze e saperi sempre più ampi e complessi.

Così l'ambiente viene trasformato in un contesto più usufruibile, l'etere trasporta migliaia di onde elettromagnetiche codificate, segnali radio, televisivi, telefonici, reti, cablaggi, connessioni, collegamenti, strade e autostrade, è solamente l'aspetto esteriore dell'unificazione universale, del trasporto materiale che consente di muovere e spostare cose e persone, ma questo è solamente un viavai, andare e tornare, viaggiare, muoversi, circolare, venire e ripartire, logistica dovuta al bisogno di agglomerare, accentrare, avere e possedere. La terra diventa un mosaico di piccole proprietà dove ciascuno difende un pezzo di territorio definendolo 'privato', decide che quello spazio gli appartiene e lo isola dalla globalità, come feudi di un antico mondo ci sono ancora confini, ovunque...

Proprietà delle case, delle piante, dei campi, coltivazioni, spiagge, isole, montagne, fiumi e laghi, tutto è di qualcuno che sfrutta risorse, beneficia dei frutti generosi, dei beni naturali, ma tutto all'origine era di tutti e per tutti, tutto, ma proprio tutto era universalmente proprietà del sistema della vita, ovunque ma non sempre. Il tempo ha modificato le rotte evolutive differenziando la libertà di crescita, annullando le distanze, persino i sogni sono stati sommersi per divenire incubi e paure, combattere tutto ciò che è per farlo divenire proprio, personale, comodo, funzionale, il desiderio di migliorare il proprio benessere cancella e distrugge il benessere mondiale, cosmico... lo sanno tutti e tutti condannano tutti, ma questa umanità che si definisce civile, progredita, colta, scientifica, moderna, non è in grado di frenare questo sottosviluppato criterio di espansione che divora l'habitat stesso in cui vive, nidifica e si riproduce.

La sintonia con le ali di una libellula, la fusione con la luce delle stelle può indirizzare le coscienze verso un patrimonio di valori più preziosi dell'oro e più importanti del **fanatismo** economico che definisce classi e meriti, uscite dalla via metropolitana, dalle gallerie e dagli ascensori, dagli aeroporti e dai centri commerciali per cercare questo tremolante indizio di amore, spegnete la luce artificiale, on-off, telecomandi, lampadine, lampioni, vetrine e trasmettitori, ripetitori, fanali, riflettori.

Non dovete temere il buio, non dovete combatterlo, fa parte di noi, di voi, di te, di tutto e di tutti, non esiste l'oscurità assoluta, non sarete smarriti né confusi, tenetevi per mano, scegliete gli schermi del cielo notturno per proiettare ogni vostro desiderio, ritornate a sognare con le mani sul cuore, siamo qui a guidarvi, amarvi, inondarvi di vita e proteggervi, come angeli brillanti di ricchezza non vi lasceremo soli e vi condurremo alle porte della felicità, ai profumi del bosco, ai sapori del mare."

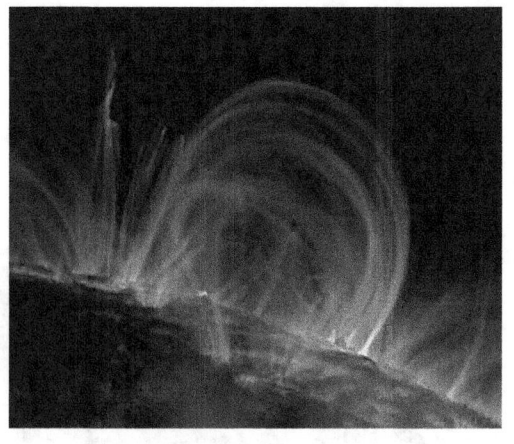

La stella Sole: vista nell'ultravioletto estremo (satellite TRACE) di cosiddette "fontane di fuoco" coronali. Si tratta di ammassi di enormi occhielli magnetici con associato plasma (gas ionizzato) che escono dalla fotosfera solare, sorgenti di energia responsabili del riscaldamento della corona solare, centinaia di volte più calda della fotosfera stessa. Gli occhielli misurano 30 volte il diametro della Terra.

6 Settembre 2012

Ho provato a soffermarmi, giocare a nascondino con le nuvole che sciamavano in filamenti ovattati, dense di umide trascrizioni tramandate da un altrove lontano, piccole gocce di condensa raccolte nell'evaporazione fisiologica sotto i raggi di un sole amico, forse dalle grandi correnti oceaniche, o forse dalle falde fluviali di un paese orientale, pozzanghere del nord o rigagnoli del sud, la rosa dei venti si trastulla trasportando essenze, profumi e molecole d'acqua, le mischia tra di loro, le affida agli spostamenti delle masse, alle inversioni termiche e le ridistribuisce a noi, che raccogliamo frutti generosi, al suolo che sorride e si disseta, alle foreste che ringraziano, ai fiori che la raccolgono tra le corolle e preparano doni per chi sa cogliere l'amore.

Le guardo, anche stasera, attraverso la mia atmosfera terrena e respiro insieme a loro. Mi guardano, sento le loro palpebre sfiorare le mie lacrime, la loro luce brillare nei miei pensieri, è uno scambio tra forme di vita lontane che si osservano e comunicano per diffondere la voce di un creato che ci avvolge in una dolce percezione di mistero.

Come mi devo collocare, disporre, come posso ricambiare? Vorrei essere stella vivente e riflettere raggi che attraversano lo spazio, vorrei donare, donarmi, liberarmi da tutto ciò che non può, non posso, non possiamo, per entrare nel cerchio di fusione che collega la mia anima al mondo.

- *"Sei qui, siete qui, siamo tutti qui da sempre, ci sono i margini dell'infinito per accogliere infinite eternità, universi che raccolgono l'universo, tempi, unioni, condivisioni, non disperdetevi nella provvisoria sensazioni di unicità, di individualità, singolarità, particolarità, tipicità, personalità, specificità, prerogativa, peculiarità, restate insieme nell'insieme degli insiemi, abbandonate il contesto primitivo dell'essere e posizionatevi nelle meraviglie dell'esistere, potrete così attingere a cuori superiori, luci interiori; amalgamate la solitudine* con la compagnia, unitevi dentro di voi, non all'infuori, è questo il segreto della completezza a cui tutti possono uniformarsi per superare gli scogli che deragliano chi si infrange nello sconforto e nella restrizione delle primordiali paure.

No... qui in voi ci siamo noi, e intorno c'è la sfera che ci ospita, non ha forma, non ha dimensione, cambiate le unità di misura e rapportatevi solamente con l'infinito, qui ritroverete le persone care che hanno oltrepassato i varchi del vostro tempo, qui le loro parole, le vostre preghiere, i rimpianti, la desolazione, i timori, l'abbandono, il distacco, la lontananza e la presenza sono voci del medesimo silenzio, lo potete toccare, vedere e sentire perché non è più una concezione, ma una realtà.

Ti osservo, ti seguo, guido la tua mano che ora scrive e racconta, parla di noi, di voi, di tutti, porta le nostre note trascritte e ridipinte sotto forma di parola ma appena riuscirete ad accantonare i linguaggi e le bandiere sarete, sarai, saremo in comunione totale e molte cose diverranno un peso superfluo dell'avidità materiale. Non correrete più verso una vetrina, non farete più coda per la benzina scontata di qualche centesimo né per gli ultimi apparecchi tecnologici, iphone 15, ipad 7, galaxy12 o blackberry54, no, capirete l'utilità delle cose inutili e le lascerete lì a svecchiare su uno scaffale, nessuna corsa, nessuna follia, solamente una meravigliosa, lucidissima coscienza che vi consentirà di amare senza bisogno di spendere risorse, denaro, tempo, né utili né profitti, interessi o convenienza, sarà bellissimo, tutti a vivere nei raggi e nel respiro dell'autenticità, della genuinità, spontaneità, naturalezza."

10 Settembre 2012

Cigno, Scorpione, Sagittario, Acquario...
perché tutto deve essere ricondotto ad una
forma, una sembianza, una definizione?
Forse ci sono delle esigenze mnemoniche o
più semplicemente comunicative, ma
quanto sarebbe bello se lo scambio di
informazioni venisse sostituito dallo
scambio di percezioni, emozioni, stati
d'animo? Magari questo duplice sistema
potrebbe convivere e così ci sarebbero
molti modi di essere e dialogare, con la
voce e con lo sguardo, con le vibrazioni
emotive del proprio cuore o con la logica
matematica o geometrica.
Quanto saranno distanti le stelle tra di loro?
E quante saranno abitate, da chi?

- *"Non cadere nell'errore di voler
  sapere qualcosa che è legato
  solamente ai labirinti della fantasia,
  non è importante e il fascino e la
  grandiosità di questo progetto
  emotivo è proprio racchiuso nella
  dimensione immobile dell'infinito. Se
  ci fosse una risposta semplice il
  mistero sarebbe esaurito, scomparso,*

è stupendo invece stupirsi, fare domande senza cercare risposte, gioire dello spettacolo notturno della volta planetaria e di quello diurno del celeste manto che dipinge il cielo, ascolta, ascoltate, sentite il calore del vostro sole e benedite questo arco di vita meravigliosa che passate nel paterno abbraccio di raggi dorati, certamente un giorno, milioni di anni che siano, qui non ci sarà più nulla, il sistema solare si estinguerà o quantomeno si spegnerà la sorgente di luce, vita e colore: ringraziate, **voi che invece siete qui ora**, nel miracolo quotidiano del risorgere e del tramontare.

Forse ci sono strati superiori di conoscenza più elevata, evoluzioni straordinarie a te, a voi oggi assolutamente impensabili e d'altra parte poco comprensibili. La Terra ha dirottato il suo percorso evolutivo verso conoscenze di tipo scientifico, cognitivo, materiale, atomico e cellulare, biologico o matematico, logico o fisico e difficilmente ci sarà un bivio verso sfere di conoscenza completamente diverse, non ora comunque... Ma è possibile sviluppare percorsi assolutamente differenti e tramandare conoscenza senza necessariamente intasarsi di nozionismo, pensate a quanto poco viene tramandato in termini emotivi e quanto inutili invece siano le trascrizioni di date antiche, conoscenze primitive, valori estinti."

Se conosci le note dell'amore, vieni a scriverle sul mio spartito, ripulito da tutto, aspetta solamente la tua mano per dipingere il cielo, tramontando nel mio cuore... ♥

11 Settembre 2012

Una volta, c'era una volta, le stagioni di una volta, i bei tempi, ai tempi d'oro, allora sì... Questo continuo rimpiangere un passato diverso non può che denigrare le gioie e le bellezze, i valori e le positività del presente. Nulla è più retorico del confronto tra situazioni, civiltà, società, generazioni e luoghi diversi, forse questo genere di lamentela ha un altro significato e nasconde un tormento diverso, particolare e seminascosto, mimetizzato.

- *"A volte viene smarrita per strada la capacità di reagire e combattere, dopo momenti difficili accade di rilassarsi, cadere senza più rialzarsi, rassegnarsi... Quando ci si confronta con le emozioni del passato il paragone a volte appare ingrato, deprimente, ma questo genere di azione è estremamente inutile e improduttiva.*

  Diverso sarebbe dividere correttamente le cose, posizionare il passato nell'albo dei ricordi e, se ci

*sono ricordi buoni, rigoderli e riviverli
attraverso la memoria psichica ed
emotiva. Mentre è fondamentale
evitare il confronto passato-presente
sia dentro che fuori di noi, i paragoni
non hanno scopo né senso e
contribuiscono solamente a creare un
meglio ed un peggio.*

*Imparerai a distinguere, dividere e
ricollocare ogni frazione di tempo
nella sua unità di origine: il passato
nel passato, il presente nell'attuale, il
futuro nelle pieghe prospettiche del
divenire. Questo libera dei varchi
straordinari, rimuove ostruzioni che
bloccano passaggi di assoluta*

semplicità e consente, spesso, di raddoppiare, moltiplicare le proprie gioie, il proprio tempo, la propria ampiezza d'animo, consente di abbracciare orizzonti vicini e orizzonti lontani, di fluire lineari e armoniosi tra il prima e il dopo, togliere pesi onerosi che gravano su ogni singolo evento. Il confronto, di qualunque genere sia, è sempre dannoso e distruttivo ma soprattutto inutile, veramente inutile, non serve a nulla se non a deprimere una delle due parti in comparazione, si crea un contraddittorio, un paragone, si prendono due fasi temporali, o due persone, due luoghi, due classi, due o più contesti che per natura sono lontani, disgiunti e distanti e se ne distrugge uno, in genere quello presente.

Questo indica una insoddisfazione allo stato attuale delle cose, che si riflette in un rimpianto tra qualcosa di non recuperabile ma, forse, è solamente il tempo che è trascorso e le stesse cose, ribaltate, avrebbero lo stesso valore.

Potrete così lasciare per strada fardelli di peso consistente e completamente superfluo, una zavorra gratuita e ingiustificata che simboleggia solamente la misura di alcune paure interiori, della diminuita voglia di agire e interagire, reagire, fare, procedere, operare... non cancellate la traiettoria di luce verso il cielo, non rinunciate a credere, valorizzatevi, credetevi, amatevi, piacetevi, abbracciatevi, custoditevi, difendetevi, riparatevi, proteggetevi, potenziatevi, andate in aiuto di voi stessi, non sentite il vostro cuore?

L'S.O.S. interiore che grida, supplica, palpita, rimbomba e si propaga, è una energia sprecata, superflua, dissipata attraverso le feritoie canalari della vostra anima che raffredda sperperando calori ed energie preziosissime → quelle che donano serenità e la capacità di guardare avanti, progettare e realizzare, immaginare, ideare, creare...

C'è spazio per ogni unità di misura, di riferimento, ci sono conoscenze superiori patrimonio di menti elevate e geniali. Ma ora spegniamo questo ritornello del conoscere e del sapere, del crescere e dell'avanzare... lasciamo ogni cosa al suo posto ed evitiamo di confondere il passato con il presente, i momenti trascorsi con quelli che stanno per accadere, le emozioni vissute con quelle che verranno.

Accendiamo ogni sera **un desiderio** diverso, una stella nuova, una direzione aggiunta nella rosa, un quinto punto cardinale, ago

*magnetizzato da seguire se abbiamo
vele da spiegare, o da osservare se
siamo fermi nella mite tranquillità
delle acque che cullano pensieri di
pace, silenzi da coltivare, riflessi di
una sponda lontana, nel leggero
vento della sera o nelle timide onde di
un'alba dorata."*

13 Settembre 2012

Passa il tempo, giorni e mesi, lunghi anni che cesellano l'ampia catena della nostra storia, anello dopo anello si strutturano i ricordi e le esperienze creando la mappa della emotività, del sapere, della reattività, sensibilità, qui si manifestano e si esprimono gioie e dolori, timori e desideri, ambizioni e paure, rinunce e sogni di vita. Quanto sono inquinato dai percorsi negativi, dalle ferite, dalle difficoltà? E quanto sarebbe meraviglioso riuscire a scaricare, eliminare, cancellare completamente tutto ciò che è stato distruttivo, doloroso, fallimentare? Come posso dimenticare, superare definitivamente questo peso inutile ed ingombrante che altera le mie sicurezze, offusca la felicità e limita il mio desiderio creativo, la voglia di osare, rischiare, mettermi in gioco?

- *Non possiamo cancellare ricordi amari, ma certamente possiamo addolcirne la memoria.*

  Oggi ascoltiamo molti argomenti che

riguardano l'autostima, vi siete
smarriti e avete bisogno di
indicazioni, aiuti, guide, conoscenze
che vi permettano di riacquistare il
bisogno primogenito di mettervi in
gioco, ma le scelte fallite nel passato
ora bruciano, pesano e opprimono,
creano instabilità minando alla base il
vostro carattere, la decisionalità e il
piacere di mettervi in gioco o di
ripartire.

Ma dove va la stima?

Perché viene sepolta e sostituita da
incertezze e confusione, debolezza,
dubbi e preoccupazioni, ansie e
tormenti?

Nulla viene realmente accantonato o
destituito, semplicemente si
sommano situazioni negative che si
rivelano perno di riferimento creando
anelli deboli, a volte paralisi emotiva,
e diventano preferibile la rinuncia e la
rassegnazione al piacere di rimettersi
in gioco, essere felici, realizzati.

Aiutati, aiutatevi con la visione cronologica del tempo che è stato, ora non ha senso condizionare le vostre scelte sulla base di timori che non hanno più presenza né energia, si tratta semplicemente di addolcirli, raccogliere il miele cristallizzato nella nostra anima e riportarlo allo stato semifluido, scaldandolo con l'amore, con le mani appoggiate al petto, sfruttate i momenti dorati per sbiadire l'amarezza di quelli malinconici, tristi o drammatici.

Non li cancellerete, ma diventeranno la vostra forza e non il vostro sepolcro, la paura di soffrire non deve impedire di vivere, a qualunque età e in qualunque condizione siate ora. Riferitevi al cielo e ricoloratevi, spesso non ci sono blocchi né ostacoli, impedimenti o ostruzioni ma solamente instabilità che deriva dalle paure, alleatevi con esse e portatele in voi come forza catalizzante, come miccia innescante della vostra esplosività, la grande ricchezza della vita sta nelle esperienze, è questo il

*solo immenso patrimonio che
stabilisce la misura del valore,
dell'importanza, della capacità
individuale.*

Come?

*Considerandoli parte di un cammino,
accettandoli come momenti di un
percorso, recuperando le emozioni
migliori che ci hanno dato o
guardando altrove per fonderli in un
tutt'uno con le cose belle che
abbiamo e che avremo* □ "

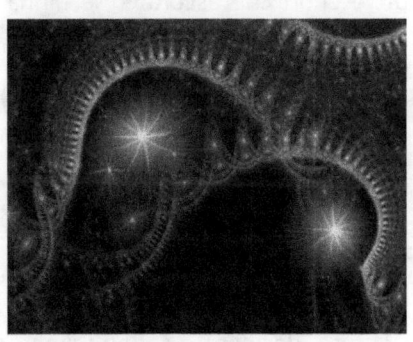

17 Settembre 2012

Ho freddo, il primo freddo che subentra alle grandi ondate dell'arsura estiva, la terra ha sete d'autunno e imbrunisce tra le incandescenze che chiamano le stelle... si aprono come piccoli occhi che osservano il tramonto, nidificano oltre le nuvole, si riproducono mentre il sole si addormenta dilatando gli orizzonti, le vedo, le vediamo, posso ascoltare così, stringendomi nelle mie braccia, la loro voce... è un canto dolcissimo, sussurrato, materno e profondo che va dal nucleo al mio cuore, a tutti i cuori che ascoltano la ninna nanna temporale tra le filastrocche della sera, quando si accendono i lampioni delle strade e tutto incomincia a pulsare, brillare, i fari, le lampade e le lampadine, le finestre sagomate una sopra l'altra, segnali e sintomi dello scorrere quotidiano, oggi ho camminato a lungo alla ricerca di un sorriso, ho registrato lo sguardo assente di chi mi circonda eppure vive, non voglio vegetare, desidero e sogno immergermi in una umana umanità, dispensatrice di amore e vita comune, come posso portare sulle labbra della gente quell'espressione gioiosa che solamente i bimbi sanno diffondere, propagare, contagiando con un po' di fortuna qualche adulto tormentato dal peso di sé stesso, del suo tempo, del suo passato o, forse, del suo presente trascinato giorno dopo giorno nei vicoli senza uscita di una rassegnata monotonia?

- *"Ci sono zone che non possiamo raggiungere, i piani bassi, i meandri di una metropolitana, i percorsi creati per comunicare, trasportare, veicolare, che spostano cose e persone dimenticando la loro naturale esigenza di fratellanza e condivisione. Si sono creati spazi enormi, come formicai urbani le città dilatano i perimetri soffocando il territorio, è la crisi della distesa sociale che ha grandi pregi qualitativi ma paga il prezzo della solitudine interiore. Eppure il sorriso che non appare sulle labbra, è dipinto in te, in noi, in ciascuno, tutti hanno un latente seme che germoglia nella gioia, nell'amore, nell'aprirsi e nella comunione, tutti vivono nel dono delle proprie mani che stringono a* pugno, ma sognano di aprire, accarezzare, sfiorare, toccare, non sono i gesti espliciti quelli che rappresentano la vostra espressività, ma la consapevolezza di una energia dorata che tutti sognano di esprimere e manifestare. Abbassate lo sguardo ogni volta che vi incrociate, siete abituati a non guardare, non pensare male, non esprimere giudizi, rispettare, comprendere, accettare, gradire ed approvare ma solo a determinate condizioni, che tutto e tutti rispettino un criterio stabilito da chi? E perché? Timore degli sconosciuti, paura di uscire dal guscio protettivo del singolo habitat e perdere privacy, essere aggrediti, offesi, attaccati, oltraggiati o molestati, una specie di violenza anticipata per recidere il desiderio primario di empatia e sostituirlo con la diffidenza, la chiusura, un muro inespressivo e spento, impenetrabile maschera del nulla, ma se ogni singolo cuore potesse palpitare fuori da tutto questo, chiunque abbraccerebbe chiunque, ci sarebbe dialogo globale e non solo tra conoscenti, solidarietà avanzata, libertà espressiva. La barriera del silenzio e lo scudo individuale sono frutti di una pianta carnivora, figli di una parassitosi spirituale propagata dalle ignobili eresie sociali che sperperano beni, patrimoni e risorse per alimentare le fonti della loro stessa, spregevole avidità.

- Questo non deve impaurire, le coscienze esistono e dialogano tra loro, oltre lo sguardo di apparenza, oltre la maschera di circostanza ci sono dialoghi e comunioni superiori che unificano le cellule e il pensiero, accomunano ideologie anche diverse tra loro, non bisogna cadere nelle trappole seminate ad arte attraverso l'ingannevole blocco dei luoghi comuni, sono gabbie costruite per isolare il potenziale aggregativo e poterlo manipolare, convogliandolo verso i territori del pascolo che fa comodo ai signori del denaro, schiavi del loro stesso sistema basato sull'insulto, l'ingordigia, la stomachevole ossessività, l'irriverente appropriarsi di tutto e tutti, il padroneggiare, il comandare, il dirigere, il convogliare il maggior numero di anime possibile a esclusivo vantaggio di un egoistico egocentrismo, falsi valori, false regole, leggi di comodo, pretesti monetari, flussi economici che vanno e vengono come se esistessero realmente e poi esplodono nel nulla, fuggono qui e là, esiliati nell'infernale tracollo dei sistemi che collassano ma non trovano neppure il coraggio di abdicare, rimettersi in gioco, imparar qualcosa dalle severe lezioni del destino...

NO!

Le sanguisughe vampiriche non demordono, non cedono all'amore e ricreano sempre i medesimi presupposti di fallimento, sfruttano le reti di comunicazione per nascondere ciò che realmente fanno,

vendono parole nascondendo i fatti,
mistificano ciò che accade
profanando la sacralità del tempo e
degli eventi, non sanno guidare ma
solamente dirottare, corrompere,
deviare, alterare, inquinare, c'è un
peggioramento mondiale in atto che
pregiudica il futuro di un ecosistema
ben più meraviglioso dei loro tesori
gelosamente custoditi nei segreti
delle segrete, segreti industriali,
segreti di stato, segreti politici,
segreti tecnologici, spie che spiano le
spie che spiano le loro stesse spie, il
sapere non diventa patrimonio
dell'umanità ma metro di rivalità,
germe di un invidia arrivistica che si
propaga malevolo nei cardini del
progredire... ecco dove involve la
presunta crescita della specie umana,
ecco perché la sensazione di
inadeguatezza toglie il sorriso
relegando le anime sincere nei
labirinti dell'impotenza ma sono
solamente campane che suonano nel
vuoto, non ci sono principi, monarchi,
presidenti, ma solo persone che si
posizionano sopra ad altri nel gioco

del prendere il più possibile, lottano tra di loro per contendersi opinioni e pareri, si infangano senza ritegno, si sgambettano, tradiscono le alleanze, omettono e nascondono tutto ciò che può essere contrario al principio esclusivo del loro tornaconto personale.

Ma tornerà il sorriso sulle labbra di tutti coloro che soffrono, pagano, lavorano e combattono per un mondo migliore, sarà la mano di un bambino a donare la Grande Speranza del domani che giungerà, decontaminati dalla falsità di un potere del denaro, dalla superficialità delle lotte di mercato, dei referendum, dei sondaggi d'opinione per rubare persino anticipatamente il libero pensiero... sarete Voi, figli delle stelle, paladini dell'Amore, a governare nel tutto, in un Mondo Mondiale, in un Globo Globale, Universo Universale..."

25 Settembre 2012

Nelle pieghe di una notte senza tempo scrivo, riscrivo, cosa mi succede quando le dita danzano su questa tastiera producendo sequenze di tipo "alfa" che definiamo "parole"? Amo pensare che ci siano due possibilità, entrambe valide: concedo spazio alla sfera razionale che semplicemente è consapevole che la mente crea, dipinge, unisce pensieri e riflessioni, rievoca emozioni, riflette, genera la progressione, la successione e la concatenazione di termini per realizzare l'insieme, l'espressione, eseguire e compiere la trascrizione omogenea di un mio stato d'animo e che tutto venga da me, autore e regista del flusso creativo. Ma adoro anche pensare, sentire... che forse le mie dita sono solamente il terminale digitante di una o più voci, di energie che attraversano le nostre anime alla ricerca di un "trascrittore", un interprete, un semplice manovale che viene sfruttato per portare nel reale quella corrente plasmante che definiamo "ispirazione".

Il mistero di tutto ciò che è ignoto, non

spiegabile, la percezione quasi certa che fuori di noi e oltre il campo del visibile e del percettibile ci siano enormi aree di non-conoscenza, mondi diversi, realtà parallele, la sensazione di essere guidati da un destino o vivere come passaggio tra vite precedenti e future reincarnazioni, la presenza costante di figure divine, potenti, onnipotenti, superiori, il gioco senza risposte delle mille religioni che si intrecciano mescolando in un frantoio le infinite versioni di una unità creatrice e sovrana che ci osserva, a volte ci protegge e a volte ci condanna, la sensazione di un super-io, il disorientamento che proviamo di fronte al cosmo che ci circonda, all'immensità del cielo e dello spazio stellare...

- *"E' sufficiente uscire dal territorio del calcolo e delle regole, della ragione e del raziocinio, per posizionarti in uno spazio molto più ampio e libero... Spostati da questa terra che deve conoscere, sapere e spiegare per riconoscere ciò che esiste da ciò che non esiste, non c'è una risposta perché non è sul piano delle domande*

che si gioca la partita della
conoscenza di luce, è molto oltre,
molto, ma apparentemente non lo è,
ecco perché sfugge alla maggior
parte dei viventi, ecco perché si
cercano grandi tesori scavando nelle
viscere della materia cosmica senza
voler riconoscere quelle voci che
chiamano tutti, indistintamente, al
posizionamento della coscienza,
all'ascolto del proprio cuore, almeno
un istante nel corso della vita
individuale.

La necessità di trascrivere questa
percezione nelle chiavi religiose, nei
riti esoterici, nella lettura astrologica
o spirituale, mistica o agnostica che

sia, è solamente l'esigenza di dare un senso a volte logico, matematico, fisico o scientifico, in altre teologico o filosofico, esplorando le radici della storia o le profondità dell'infinito.

C'è una rincorsa per avere la certezza, ci sono miliardi di presunte esperienze, convinzioni ricavate sulla base di un singolo episodio, una apparizione, un miracolo, un evento imprevisto dalla forma sconosciuta, non calcolata, sono miliardi, tutte diverse tra loro, alcune si confortano a vicenda, nella maggior parte dei casi si annullano tra loro, ma tutto questo è una inutile sottrazione energetica al cammino evolutivo, una rincorsa verso l'ambizione del sapere dove tutti millantano chiarezza nel profondo caos della superbia, ma tutto questo è proprio la certificazione di quanto lontana sia la capacità di lettura, ascolto e interpretazione del vostro ruolo biologico.

Il mistero della creazione, dell'infinito

materiale e di quello temporale, della vita e della morte, il rapporto tra grandezze immensamente diverse tra loro, il gioco delle energie, la meraviglia della natura, la sensazione di un padre, una madre, l'impotenza dei sistemi sociali che desertificano lo spirito per rincorrere il potere, il possesso di un pugno di cose con cui farcire questo passaggio esistenziale che voi chiamate "vita"...

Tutto questo altera e confonde la vostra missione, a volte accumulate cose inutili e cercate protezione nell'abbondanza quantitativa, a volte vi accorpate per dare forza a un pensiero di gruppo, una ideologia, una matrice teorica, una dottrina, nascono sistemi, sottoinsiemi, estensioni del sistema e tutti lottano per avere più discepoli possibile sotto la propria bandiera, il proprio slogan... e la cosa più drammatica è che nessuno rinuncerebbe a tutto questo per un mondo di pace, unico ed unito sotto la bandiera dell'amore, nell'amore, con amore, per amore... Il gioco delle rivalità è la conferma sistematica che la chiarezza è molto lontana, ci sono popoli interi che combattono nel nome e nel segno di una divinità ma quello che mettono in gioco non è la difesa del loro dio, è la disperazione delle proprie paure: il timore uccide più delle grandi armi da guerra, sono schiavi di un terrore irrisolto che devasta, distrugge, sono governati dall'ignoto e non avendo spiegazioni diventano servi, marionette, burattini senza consapevolezza esistenziale, soldatini di piombo, di plastica, prestampati da un fanatico qualunque che si arroga la presunzione di governare, manipolando anime embrionali per arginare le emorragie della propria sfera mentale sanguinante di paura. Lo scontro, l'urto devastante tra il bisogno razionale di capire e conoscere, sapere, spiegare, dimostrare, determina un vuoto che i presunti potenti colmano con l'accumulo di consensi e di risorse, ma più sono influenti, autorevoli e incoronati, più manifestano la *drammatica esigenza di compensazione ed **è questo** che li rende miseri, tristi, falsi, prepotenti, aggressivi, dispotici e tiranni, soverchianti e perversi.*

Se un contadino che detiene i segreti della terra, o un marinaio che custodisce la magia degli immensi mari, potessero dettare le leggi di coordinamento sociale, la sensazione di pace e fratellanza raggiungerebbe le soglie dell'universo. Purtroppo chi sale ai livelli superiori di conoscenza spirituale abbandona queste forme di

ambizione governativa e tende ad isolarsi, a godere di un benessere incalcolabile e su cui, soprattutto, nessuno può applicare accise o imporre tasse da pagare.

Non significa rinunciare a tutto, spogliarsi e vivere senza il conforto della materia, della tecnologia, del progresso sanitario, delle strutture formative. In ogni luogo, in ogni punto, paese, regione, nazione o zona, c'è del bene... del buono.

La saggia distinzione dalle tensioni malevoli e devianti è il principale strumento di conforto e di sviluppo, è sufficiente diversificare, distribuire diversamente le risorse, sarebbe semplicissimo e lo sanno tutti, ma proprio tutti, ma perché questo possa accadere bisognerebbe sviluppare il senso della rinuncia: all'avidità, alla gerarchia, alla subordinazione, alla soverchiante copiosità di beni, all'accumulo insensato di presunti patrimoni...

Non è ora il momento, non ancora. E che siano decenni o millenni, per noi stelle, importa poco: siete voi ad avere un arco esistenziale circoscritto intorno al secolo, voi...

Vedremo quello che avete sempre sognato, assisteremo alle luci della pace e dell'amore, della fratellanza e della ricchezza mondiale, quella vera, totale, ci saranno popoli diversi uniti nel grande dono della coesistenza, condivideranno, saranno sostegno solidale senza più l'esigenza del tornaconto o del denaro."

Scrivere una pagina del tempo
è come riportare in luce la cenere
e trasformarla in vita

29 Settembre 2012

Non so come comportarmi, come pormi, posizionarmi di fronte al mio bisogno di amare e nel rapporto con questo mondo che corre, sfugge, esprime e reprime, valuta gli incontri, la qualità delle persone e delle amicizie, tabelle di affinità, test di compatibilità e tutti cercano anche quando sono già relazionati, qualcuno in alternativa, per evadere o compensare, bilanciare o... sbilanciare!

Resto in un immobile fermaglio centrato intorno a me, mi isolo per ritrovarmi, ma chi, o cosa mi smarrisce? Spesso è solamente la difficoltà di esporre realisticamente desideri, intenzioni e progetti, sembra che la giostra relazionale sia governata dal timore della solitudine ma un partner, un amico, una persona cara non sono antidoti o farmaci da assumere per necessità esistenziale ma figure di riferimento importanti a cui aprire preziose porte di comunicazione, assi di condivisione, aree di comproprietà in cui parti di noi vengono date in comunione per ricevere altrettanto e tutto questo accade dentro e fuori di noi, non solo nelle cose materiali ma soprattutto nel dialogo, nella comprensione, nello scambio, nel confronto e nel conforto, nella capacità di capire e di valutare, aiuto, appoggio e sostegno, comprendere e apprezzare, determinare e definire una cognizione più ampia, matura e completa di quella individuale.

E quando i sentimenti compenetrano in una sfera di attrazione può nascere l'amore più completo, integrale, che non si circoscrive negli spazi esterni, superficiali, ma coinvolge la pelle, la carne, il corpo, lo sguardo e le mani, tutto...
Eppure ci sono distanze che sembrano allontanare anziché congiungere, sembra che gli equilibri gravitazionali impediscano la totalizzazione dei rapporti, la purezza, la reale apertura, l'armonioso abbandono incondizionato.
Si fanno calcoli, tutto viene soppesato, quanto è stato dato e quanto è stato ricevuto, come se l'amore fosse quantificabile sulla base di un coefficiente grafico, una formula che definisce il giusto o l'ingiusto, in realtà sono forze del

passato, timori, confusioni derivanti dagli scompensi formativi e dai traumi che hanno segnato il nostro cammino.

- *Se è vera la curva di esigenze nella crescita per cui dalla fase fisica e carnale si evolve in quella spirituale, è quindi vero che per giungere con la giusta maturazione alla fase spirituale è NECESSARIO aver vissuto pienamente e completamente la fase "fisico-materiale-sessuale".*

  Ovviamente succede molto più spesso il contrario: la fase fisica non viene vissuta nella sua completezza e a seconda o meno della non-maturità sul piano di crescita sessuale, la fase spirituale o non viene vissuta affatto, con tutte le perversioni del caso, o viene vissuta con sacrificio, come un dovere per combattere le pulsioni che si fanno sempre più complesse da gestire... la mancanza di esperienza e di dimestichezza con l'argomento creano inibizione, insoddisfazione, blocchi di ogni genere, inadeguatezza, incompletezza,

*timore di giudizio, senso di precoce
anzianità e così il lavoro spirituale,
che potrebbe essere una piacevole e
armonica dissolvenza tra le due fasi,
ben diluito nel tempo e ben
amalgamato, diventa molto meno
funzionale in quanto minato o da
compulsioni, o da sacrifici, o dalla
mestizia di non aver vissuto molte
cose. Ci si ritrova in conseguenza ad
affrontare le tradizionali domande di
identità, senso della vita, perché,
divinità, spiritualità (...) con la
distrazione di dover risolvere una
infinità di ostacoli e deformazioni.
Gli etici e gli spirituali superficiali
credono che questo faccia parte della
loro sensibilità ma è il contrario, è la
loro vulnerabilità dovuta alle non-
esperienze e questo li costringe a un
lavoro aggiuntivo di ricerca interiore
enorme, devono costruire castelli
immensi a difesa del loro perbenismo
che non è voluto, ma conseguente a
relazioni monogamiche durate
decenni, a schemi educativi o
culturali, sociali o religiosi che hanno
creato barriere non affrontate e*

quindi mai superate.

Accade tutto il contrario di quanto loro stessi affermano, *è un drammatico lavaggio del cervello che impedisce di vedere le cose nel modo più semplice!*

Per questo alcuni ne escono pazzi!!!

E mentre si affannano alla disperata ricerca di metodi di presunta crescita personale, provano tecniche di ogni genere per "risolversi" e questo li fa sentire impegnati, più importanti di altri, certo... si sentono oltre, superiori, loro sanno governare gli orrendi stimoli del desiderio che portano alla realizzazione dell'amore

113

di coppia... no! Il loro matrimonio va in rovina e invece di dedicarsi all'affiatamento con il partner si mordono la coda e girano in cerchio mesi, anni, si irrigidiscono sempre più leggendo e studiando, vanno a farsi curare dallo psicologo, in palestra per equilibrare le energie, fanno yoga e ricerche del proprio io, meditazione e diete biologiche: è uno sforzo pazzesco!

E vanno esattamente nella direzione opposta a quella che dovrebbero andare, perché? Perché il lavaggio del cervello dice che la direzione è quella! Non certo perché lo pensano realmente, o meglio, dicono di pensare così altrimenti il castello di carta crollerebbe al primo vento e loro devono rafforzarlo, puntellarlo, ma dentro di sé sanno perfettamente che i desideri sono di altro genere però se lo ammettessero finirebbero fuori strada e vanificherebbero il lavoro che stanno facendo e il credo che giustifica il perbenismo. Sono fragili, insicuri e insistono ancora di più facendo ulteriori sforzi, studi e ricerche, cure e metodi per rafforzarsi e difendersi.

E' un ridicolo, dissennato circuito senza fine, vivono nella più assoluta irrealizzazione perché prima hanno vissuto poco, male o niente del tutto, ora si sentono in ritardo per recuperare alcune esperienze, in dovere di maturare verso un'età più avanzata e spirituale ma non vivono e non vivranno bene questo passaggio proprio perché sono in ritardo, anziché dedicarsi fin da subito alla ricerca di luce passeranno anni e anni con lo sguardo stordito e il sorriso un po' patetico di chi finge felicità.

Ma **fingono** e ben sapendo che non sono e non si sentono felici aumentano le dosi, così si distaccano sempre più dai materiali, dalle persone disprezzate che non sanno dedicarsi ai valori dello spirito... è incredibile! Sono proprio loro, nell'immatura ed infantile non-conoscenza ad annaspare maggiormente, se solo potessero

*andare sulla sponda opposta si
accorgerebbero subito di quanto ben
più serene, mature e profonde sono
quelle persone che hanno
regolarmente vissuto e consumato il
proprio cammino di esperienze: ora
sono a posto, sanno controllare gli
istinti senza bisogno di alcuno sforzo
di volontà, sanno mantenere stabilità
in contesto relazionale in quanto non
solo sono immuni dalle debolezze di
origine, quelle adolescenziali tipiche
negli ambienti poco aperti (chiesa,
oratorio, comunità, circoli, ambienti
culturali ...) ma non hanno più
bisogno di vivere molte esperienze
già trascorse, cosa che gli altri, invece
intimamente soffrono pur negandolo.
In realtà il lavaggio del cervello è tale
che sono convinti, smentendolo, di
rafforzare la propria spiritualità,
fanno sforzi di volontà per
giustificare cosa? che si sono negati il
piacere e la possibilità di giungere alle
tappe intermedie della vita con
decenni di ritardo? Ce n'è così da
compensare ora!
Quand'anche ci fosse il desiderio di*

vivere in ritardo alcune esperienze, non è facile! A 40 anni un individuo DEVE avere coltivato e cresciuto, maturato la propria sfera sessuale altrimenti la coppia si spegne, si divide, risulta fragile e instabile e ora per restare uniti ci sono due strade:

1- aprirsi una buona volta

2- chiudersi sempre più compensando con overdosi di spiritualità

La quantità di tempo, impegno, la varietà di metodologie vissute, cure psicologiche o percorsi di meditazione e conoscenza interiore di vario genere, sono tutti indizi di una non-crescita interiore.
Ma d'altra parte dedicarsi a ricerche spirituali, cercare la luce, pregare, seguire e partecipare a liturgie religiose: queste cose vengono viste come "migliori" rispetto ad altre e così, come una tossicodipendenza, le dosi devono aumentare, sempre più dallo psicologo o dallo psicanalista, sempre più tecniche, ricerche,

metodologie, manuali e ricette, tutti a creare gruppi per farsi forza nel gioco della condivisione ed è veramente un vortice nero che vi tira giù, sempre più a fondo nonostante loro siano convinti di volare verso l'alto, essere liberi, profondi, puliti, evoluti...

Non cadete in questa trappola subdola perché loro sono artefici e vittime, è un problema loro, solo ed esclusivamente un LORO vuoto da colmare. E nel frattempo voi potreste al contrario aver già positivamente e concretamente vissuto la normale fase di crescita sessuale, relazionale, erotica e dominare perfettamente i vostri desideri, realizzarli con eccellente godimento ricavandone l'appagamento ideale per dedicarvi REALMENTE alle ricerche spirituali senza dover combattere contro nulla e nessuno!

E quindi ricavandone maggiori benefici, migliori e immediati!"

Torri di idrogeno freddo mescolato a
polvere si ergono all'interno della
Nebulosa Carena (distanza: 7.500 anni
luce). In queste torri vi sono sepolte
stelle in formazione che sparano getti
di gas nel severo ambiente circostante,
permeato di intensa radiazione e venti
stellari. Immagine fornita dal
telescopio spaziale Hubble.

10 Ottobre 2012

Sono un po' giù, forse l'autunno, la stagione che spegne i calori per accendere i colori, l'aria diversa che si può finalmente respirare profondamente caricando nuove energie, cosa manca, cosa abbiamo? Il conflitto tra l'essere e il non-essere, l'avere e il non-avere, il silenzio e la comunicativa, l'ascolto e l'isolamento, difficile calibrare le tensioni interiori, distinguere le sensazioni, misurarmi con quello che devo fare, con le maschere da sostenere per avere un consenso, un dialogo, un confronto, un'identità... Troppe cose perseguitano incessantemente, ininterrottamente, continuamente e assiduamente la mia facoltà di pensiero, la realtà non può essere prestampata, scritta, predefinita, calcolata e misurata, quantificata o predeterminata, il vuoto mi assale quando cerco di posizionarmi, collocarmi negli schemi cronometrici delle circostanze di riferimento, questo è il disagio principale che mi impedisce di rasserenare il mio piccolo habitat concedendomi frammenti di pace, oneri e doveri, impegni, obblighi, diritti, necessità, esigenze e bisogni, urgenze e fabbisogni, a tratti perdo aderenza e continuità esistenziale, sento le ombre di uno smarrimento deviante che rischia di distruggere e polverizzare la mia missione d'amore, forze contrapposte che spingono e mi portano altrove, la grande destabilizzazione dei consumi e dei luoghi comuni, valori dichiarati come leggi di un creato che ha stabilito codici di libertà espressiva molto prima che l'avidità e lo spirito di prevaricazione falsificassero la trama delle apparenze per diffondere e propagare le leggi del mercato e dell'interesse individuale.

Osservo le venature di una foglia che ingiallisce, gli stormi che migrano verso nuvole lontane, dove sono le classi e le gerarchie, i livelli, le posizioni, le graduatorie e le scale di merito, i parametri di valutazione, i beni e gli averi...?

- *A qualcuno di voi è data la possibilità di ottenere un successo, una forma di autoclassificazione per stabilire il meglio e il peggio, questo è un grande dono ricevuto, una possibilità per operare a livelli migliori, distribuire conoscenza e benessere,* invece spesso accade l'opposto e la posizione raggiunta viene sfruttata per accentrare tutto ciò che è egocentrizzabile in sé, nel proprio ego avido e insaziabile alimentando l'ingordigia e la bassezza.

Eppure ci sono delle visibili evidenze in tutto questo, chi ha conseguito denaro, potere, proprietà o averi, non parla con noi, non ha dialogo con i raggi annebbiati del proprio cuore, abbandonato nella solitudine desolante di una vita superficiale, basata non più sulla ricerca di amicizie ma sulla difesa dai nemici, sulla diffidenza, senza rendersi conto che soppesare ogni giornata, ridursi nel calcolo dei calcoli, trascurare la famiglia e la crescita dei propri figli, sono perdite non più risanabili. Il tempo, lo scorrere dei giorni non è come un bilancio che si può ripianare, non è come un conto corrente cui basta versare qualche forma di pagamento per avere un utile, un attivo... no! Qui ci sono in gioco ricchezze e patrimoni incalcolabili e *questo non significa che valgono così tanti soldi che è difficile quantificarne il valore ma proprio che non ci sono calcoli in questo ambito, non ci sono pesi né misure e questo li rende straordinari, condivisibili, universali. Ogni volta che volgi lo sguardo a noi guadagni luce nel tuo cuore, alimenti le sfere profonde della tua conoscenza interiore, apri lo spazio delle tue energie verso una direzione sconfinata e senti perfettamente quante vibrazioni si accordano in te donandoti il piacere dell'esistere.*

Tu, gli altri, tutti possono aprirsi verso la ricchezza di una luce della notte, di un giorno senza nuvole, parlane, scrivilo, divulgalo, fai che le anime viandanti con un curriculum in mano, un foglio di promesse, una certificazione, una dichiarazione del reddito riescano a voltarsi anche un solo istante, uscire da quel percorso di triste costrizione che li impegnerà decenni e forse sempre, se prima non avranno il Grande Premio della Ricchezza Universale.

Così caleranno di interesse le corse
verso un trono, una locazione, a cosa
serve dedicarsi totalmente ad
un'azienda, un marchio, un'officina,
un laboratorio, una scrivania, un
cumulo di carte da compilare e
firmare, protocollare, spedire,
archiviare...

Chi può permettersi di definirsi
superiore, migliore, più ricco... in
cosa? In foglietti di carta colorata?

Prova, provate a toccare questa
grande ricchezza silenziosa, spegnete
le luci della vostra città e vi
accorgerete di quanti giorni avete
trascorso senza ringraziare il sole e
quante notti sono passate senza
dialogare con le stelle...

14 Ottobre 2012

Ci sono momenti facili e altri più difficili, complessi e impegnativi, come un'onda vagante il tempo mi trascina verso l'alto e mi riporta a correre, scavare, emergere, una continua sfida per rincorrere lo status migliore in cui mi ritrovo nelle migliori sintonie, ma è impossibile fermarmi, aspettare senza intervenire regolarmente a raddrizzare il timone per mantenere la rotta sul filo delle acque più tranquille... Le tormente sono intorno a noi, a volte manca il vento che spinge le vele della mia anima, a volte devo ammainarle e affrontare furie incontrollabili, vedo la spiaggia, le scogliere, la luce del faro e la cresta delle mareggiate, devo reagire...

Come un gioco di riflessi mi rispecchio e mi osservo, vedo da un nuovo punto di vista il mio stesso vivere, posso guardarmi e, forse, anche interpretare e capire molte cose che sfuggono quando sono in me.

- *"Tu sei quello che rifletti nelle persone intorno a te... Ritieni che le tue paure vengano da loro ma se tu*

non avessi dei timori non avresti
questa percezione e accade
ugualmente anche per loro, per tutti.
Per questo ci sono persone a cui ti
avvicini con fiducia e altre che ti
respingono, è l'attrazione della
purezza, il karma vibrante che affina
le frequenze e stabilisce lo star bene
e, a volte, anche l'amare...

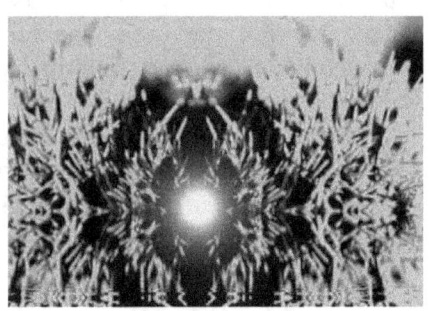

Quando hai una fragilità interiore hai
paura di quella stessa debolezza da
parte di chi ti circonda, perché la
conosci, sai che può minare le tue
stabilità e le tue certezze, è un
nemico da cui sei abituato a fuggire e
lo vedi ovunque, lo identifichi in
chiunque, generalizzi il tuo malessere
perché lo senti, lo combatti e lo sfidi

ma tutto avviene in te. Non sono gli altri ad avere le tue fragilità, ognuno ha le sue e solamente liberandoti da questo peso autolimitante potrai donare e ricevere la mano con serenità e fiducia.

Quando sei forte sei attaccato da chi ha una debolezza, ti senti scuotere, colpire e non capisci perché accade, credi che sia ingiusto ma è solamente una permeazione che non ti appartiene e puoi salvarti solamente se agisci come uno specchio d'acqua che riflette quello che riceve. Senza contrattaccare, senza reagire, semplicemente con la consapevolezza che tutto avviene fuori di te.

Non è facile, è come quando ti trovi nelle acque di un mare pacifico e qualcuno viene dal profondo di un ciclone, ha bisogno di aiuto e tu sei disposto a guidarlo fuori dalle mareggiate, dalle acque torbide e dai venti tempestosi, lui ti cerca ed è attratto da te perché tu sei, in quel momento, l'isola su cui approdare,

*puoi salvarlo e lo fai, lo farai... Ma
devi dosare le energie, essere forte,
cercare di condurlo alla tua spiaggia
candida e serena senza dare energia
alle sue ombre altrimenti rischi di
essere risucchiato in alto mare, oltre
la protezione sacra delle barriere
coralline e questo non è giusto né per
te né per lui.*

*Se è debole attaccherà la tua forza, se
è infantile cercherà di farti
decrescere, involvere, regredire, ma
non c'è cattiveria o malaffare, non ci
sono cattive intenzioni, è il gioco degli
equilibri che regola le necessità di
attrazione tra le parti: tu cercherai
una terra più stabile e può essere che
quella persona lontana sia in grado di
camminare con te, una volta uscita
dalla burrasca.*

*Ecco come accadono molti incontri ed
ecco perché queste combinazioni
creano forte attrattiva, vi abbracciate
e vi sentite uniti, migliori, più sicuri e
più completi. Questa è la bellezza e la
magia dell'amore che fa crescere ed*

eccellere, che avvicina le anime, che va oltre la superficie corporea per stabilire legami che definite 'affetto', alimenta i sentimenti e rischiara il cielo donando momenti di azzurro meraviglioso e vi riporta qui, tra noi, al dialogo profondo con le stelle più belle...

A volte hai paura di amare e innamorarti per non soffrire, tormenti chi ti ama convinto che anche lui abbia paura, lo senti timoroso e insicuro così infine lo accusi del tuo malessere e questo è un pretesto per giustificare le tue offese o la tua diffidenza.

Vivi momenti incantevoli inquinandoli con l'infelicità del provvisorio e del timore di illuderti, deluderti, ma non ci sarà delusione se non avrai timore delle illusioni, l'insicurezza induce un senso di rivalità e competizione che provoca sopraffazione gratuita, mancanza di fiducia, timore di essere usato, sfruttato, manipolato, ma tutto questo ovviamente deriva dalla difficoltà di scegliere e vedere con chiarezza in te stesso.

Conduciti su una riva serena ora e non avere timore, paure, non averne perché sei al sicuro, hai navigato, faticato, viaggiato tanto ed eri stanco ma ora sei riposato, tranquillo e protetto, puoi dare la mano a chi desideri, a chi si unisce perché cerca una riva su cui approdare per donare i suoi tesori, il suo amore, per unirsi a te...

Non ci sono mostri né nemici, solamente amore, quello che unisce senza punti di domanda, quello che è sopra le parti, oltre le parole, la

*forma, le usanze e le credenze, parte
e ritorna nel cuore, è vivo è risplende,
riscalda e congiunge.*

*Spogliati dai relitti del vecchio
naufragio, lasciali lì sulla battigia,
verranno le onde a riprenderli e a
ripulire la baia, non importa quanto
grande sia stata la tempesta, sei stato
un buon marinaio e ora puoi guardare
lontano, si rischiara l'orizzonte e le
stelle si riflettono argentate nel
Grande Arcipelago della tua anima.*

*Guardale in silenzio e ascolta la loro
voce."*

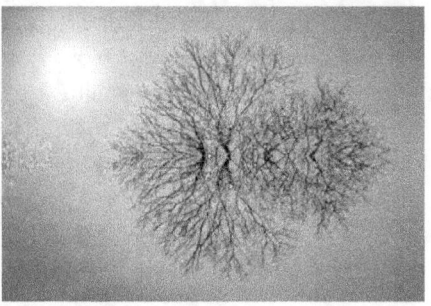

21 Ottobre 2012

Sto pensando di chiamarmi fuori dal gioco,
uscire non significa arrendersi e, se anche
fosse, voglio sentirmi libero di poter
scegliere almeno dentro di me, vivere la
mia chiarezza senza dovermi
continuamente misurare, confrontare,
senza sentire il peso costante di quelle
leggi che governano il falso senso della
stima e del valore.

Che differenza c'è tra una festa esclusiva in
un locale di tendenza e una sagra di paese,
o del quartiere, del vicolo...?

So che la seconda ha partecipazione
gratuita, ci si può anche divertire, 'sentire'
la gente, mangiare qualcosa di tipico,
qualche prodotto o specialità locale, non
sono necessari inviti, etichette, dressage o
vernissage, non c'è un modo di essere o di
apparire, ognuno è se stesso e la libertà di
divertirsi è identica per tutti e dipende
solamente dalla propria predisposizione.

No... per entrare in un locale di 'alto livello'
devi essere qualcuno, dimostrarlo con la

macchina che parcheggi davanti alle guardie dell'ingresso e indossare abiti consoni al livello socioeconomico, devi avere firme sulle natiche, sui calzini, sulla gonna o sulla giacca, l'orologio in evidenza pesa un quintale ma certifica la carenza di materia grigia con i suoi ingranaggi da migliaia di euro cadauno. Poi devi essere atteggiato, sapere come sederti e come alzarti, cosa ordinare con una leggera inflessione cadenzata tipo ritornello del pulcino pio... Scegliere con cura il vino da accompagnare in perfetto abbinamento con i cibi dello chef che trasforma la lattuga in 'letto di fragranze dell'orto', tenere la testa alta, i gomiti bassi, le gambe socchiuse, le orecchie dischiuse, devi distinguere le posate e soprattutto usarle nell'ordine predefinito, pena la carenza di stile e quindi un grave senso di inadeguatezza al clan dello 'style'.

Non ci sono mai persone qualunque nei locali di livello, solamente persone IN, VIP, Model e Top Model, d'altra parte sono Fashion, Trendy, Esclusivi, Creme d'Elite e via così, questi poveri schiavi dello schema benestante si ammazzano i timpani per ballare in un fracasso assordante, suoni che non appartengono al regno delle musiche, annoiati a morte barcollano con un bicchiere in mano, finito il quale non sanno fare altro che prendere in mano un altro bicchiere e bere, tracannare alcol e droghe devastanti che trasformano questo ambiente repellente in un paradiso del divertimento, con un po' di fortuna saranno adescati da una splendida donna, sensuale e provocante, che per poche centinaia di euro darà lustro alla loro bellezza glorificandone ipocritamente qualità che non hanno e valori strettamente economici. Non c'è del bello ma dell'orrendo in tutto questo e la cosa drammatica è che diventa una spirale senza uscita, assorbe energie immense prepararsi vestiti e truccati in un certo modo e se non lo fai non sei ammesso. Poi devi spendere e spandere per essere e apparire, abbinare abiti secondo la moda del momento altrimenti sei fuori, ti guardano e ti senti escluso, soffri, no...

Meglio investire immediatamente nel proprio guardaroba, atteggiarti perché i numerini sul tuo conto bancario dicono che esisti mentre gli altri, fuori, nelle festicciole popolari, sono una massa inferiore che non ha, non può, non sa vivere...

- *"E' difficile capire che il castello sociale ha torri elevatissime, mura insormontabili, è stato eretto a difesa del territorio stesso e dei falsi miti, dei falsi valori, per proteggere chi non ha la possibilità di investire nella propria anima e di conseguenza diventa servo di un sistema che, al contrario, crede di dominare.*

  La razza dominante non è quella che sta al potere o che ha i mezzi per rovinarsi la vita ostentando cose e beni, quelli sono i veri schiavi della grettezza, delle bassezze e della superficialità, non avranno mai tempo di attingere alle risorse della vita perché conoscono solo le risorse da sfruttare, la frutta da spremere per ricavarne quel meraviglioso succo chiamato denaro con cui si trasformano, riescono a divenire belli o brutti solamente perché hanno o non hanno la borsetta in tinta con le scarpe o la cravatta intonata al

*fazzolettino seghettato nel taschino.
Impiegheranno anni, decenni di duri
sacrifici interiori per capire quanto
soffocante e inutile sia vivere nelle
pur dorate mura del loro
esclusivissimo castello e molti di loro,
purtroppo, non ce la faranno mai.
Poi studiano rimedi contro l'infelicità,
si fanno curare, analizzare ma non
hanno tempo perché il loro tempo è
più prezioso di quello altrui, sono
imbalsamati, impomatati e
incravattati, sembrano involtini
precotti e preconfezionati, stampati e
timbrati, annegano nella carte e nei
protocolli, ma si divertono in questo
straordinario mondo che consente
loro il top della pochezza a condizione
che si votino in tutto e per tutto, si
spingono tra di loro per giungere
sempre più in alto e non hanno il
tempo per la famiglia e per l'amore,
per crescere o per capire perché
tanto hanno tutto, comprano tutto,
non gli manca nulla, fanno il pieno di
droghe e di champagne, manifestano
felicità danzando come scimmie
automatizzate, sudate, finiscono*

stremati con occhiaie chilometriche
ma sono contenti perché hanno fatto
le ore piccole...
Hanno detto che i cibi devono essere
biologici, i profumi originali, le griffes
autenticate, tutto DEVE essere
autentico altrimenti la giostra non
gira e così producono fiumi di denaro
che gira sempre su se stesso ed è
impossibile uscirne.

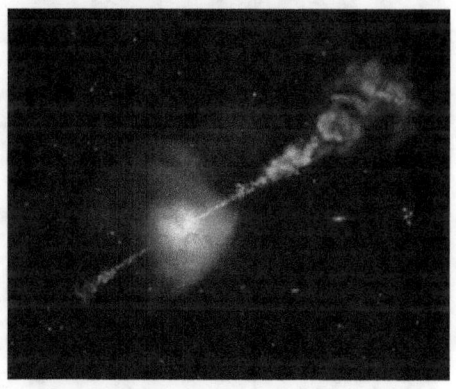

Un meccanismo che in fondo fa
comodo a molti altri apparentemente
penalizzati nella qualità della vita
perché non sono ammessi nelle alte
sfere sociali.

Gli altri hanno però, per loro fortuna,
un tavolo di legno attorno a cui
sedersi e conversare, condividere,
confortarsi e sorridere, hanno la
mano sincera e lo sguardo pulito, non
cercano nulla perché non sono
bersaglio di questi tentacoli che
massificano i consumi pilotando le
esigenze.

Nessuno di loro ostenta l'interno
della propria giacca e tra le rughe
della fronte si leggono i segni di una

*sapienza che va molto oltre i confini
della cultura, non sono infarciti di
nozioni né ambizioni, non soffrono
per la piega sulla camicia e non hanno
bisogno di adornare la casa con
sgorbi allucinanti spacciati per arte
costosissima e raffinata. Non è lì che
stanno i segreti della gioia e
dell'amore e loro, nel conforto della
propria consapevolezza, lo sanno
bene. Non ci sono castelli da demolire
per chi ha l'anima sincronizzata con le
vere esigenze della vita, ci sono solo
tante, splendide stelle da cogliere nel
cielo per caricare l'anima di vita,
energia universale, amore totale."*

Nebulosa dell'Aquila (M16) nel Serpente.
Vista in dettaglio del pinnacolo
centrale costituito da gas e polveri, un
luogo in cui si stanno formando molte
stelle e pianeti intorno ad esse. La
Nebulosa dell'Aquila è un ambiente
violento controllato dalla presenza di
stelle massicce; si ritiene che 4,6
miliardi di anni fa il nostro Sistema
Solare sia nato in una regione analoga.
Immagine fornita dal telescopio spaziale
Hubble.

25 Ottobre 2012

Come posso essere diverso, esprimere momenti e stati d'animo differenti senza perdere identità, restando coeso e coerente, compatto, connesso, logico e aderente, unito e rispondente? Come posso identificarmi se non ho una continuità emotiva ed espressiva, se mi rivolgo a chiunque senza fare distinzioni, se non mi caratterizzo in una ideologia o un modo di essere, se non seguo una corrente di pensiero, se ho delle variazioni contraddittorie e diverse tra loro?

Educato, forbito, leale o volgare, triste o sorridente, profondo o materiale?

Perché devo limitare la mia interezza manifestando solamente quelle parti di me che si adeguano al sistema di riferimento e devo mascherare, occludere e soffocare tutte quelle pulsioni istintive che manifestano a tratti il mio bisogno di urlare, gridare, sproloquiare, dolcezza e rabbia, fine o volgare, raffinato o inadeguato... sempre, qualunque cosa dico o faccio, penso, esprimo, cado nel tranello della rete multiforme che approva o respinge uno stile, non c'è mai, mai, mai la possibilità di una approvazione universale, mai...

- *E' questo che inganna e opprime, deprime e reprime la maggior parte di voi, c'è sempre qualcuno che accetta e qualcuno che rifiuta, qualcuno che approva a fronte di chi disapprova, è un gioco bilaterale dove nessuno ha la possibilità dell'espressione libera e totale, non c'è omogeneità ma solamente un canone di valutazione, un metro di giudizio, nulla di più fustigante, pericoloso, opprimente.*

  La bellezza è nella totalità, come può lo spirito vivere senza il corpo, come può la pelle gioire con le labbra e piangere nel cuore? L'educazione comporta delle regole, il dialogo, la posizione, il ruolo, la relazionabilità, il lavoro e l'ordine sociale sanciscono quotidianamente migliaia di posizioni da assumere e nessuno fa quello che desidera ma solamente, nel migliore dei casi, una parte di tutto questo. C'è una precisa opinione generale che divide, crea muri di divisione e paletti di confine, entro i quali siamo in un modo e oltre i quali siamo in un modo diverso e nessuno prova ad osare un pensiero diverso, riferito al momento e alla circostanza, no... Se oggi pensi una cosa e domani una diversa sei fuori, minato e bocciato, respinto e tagliato via dal gruppo che difende quel pensiero, quello stile... ma quale sconfinata ricchezza potrebbe propagarsi e divulgarsi se le forme non fossero più una caratteristica statica e si liberassero le energie creative ed espressive che da sempre sono il baricentro creativo dell'universo intero?

Le leggi servono ad arginare, difendere, l'educazione imprime modelli molto precisi dentro i quali sei in un modo e oltre i quali non lo sei più, ecco che puoi parlare senza usare alcuni vocaboli, ecco che puoi vestire ma solamente in quello schema, libero di essere brillante, elegante, divertente, posato, sensuale o provocante, solare o tenebroso, ma devi scegliere il tuo modello per avere la tua cerchia, il branco con cui pascolare, i compagni di pollaio, ovile, e non puoi uscire altrimenti ti ritrovi in un'aia diversa e le persone di prima non ti seguono più, sei diverso da loro, manca il legame formale che veicolava la vostra affinità ideologica o economica, culturale o dottrinale, religiosa, concettuale, di qua o di là, invisibili barriere determinano la tua posizione e la tua orbita.

Non pensare, non fare caso a tutto questo, ci sono miliardi di pianeti che si muovono in maniera molto simile, c'è il gioco delle forze gravitazionali, *l'attrazione e la fusione, lascia che accada in te, in voi, in tutti... lasciate che le forze si muovano nella massima espressività energetica, potete sorridere e piangere, brillare o racchiudervi nel minuscolo silenzioso spazio del vostro pensiero, siate interiori ed esteriori, come sentite che è bene nel momento, poi varcate il recinto, abolitelo, parlate, esprimete, cambiate abito, sempre, siete sempre voi, voi stessi, che non fate più il calcolo quantistico di ciò che potete dire o non dire a quelle persone o in quel luogo, fatelo, potete ruotare, stare in posti diversi con stili diversi, vanno tutti bene, sempre, sempre bene...*

Purtroppo i codici di carattere etico, morale o stilistico sono dettati per difendere alcune modalità precise, costruiti a regola d'arte per ingabbiare un arco di popolazione e vivere nel reciproco consenso, nel presunto benessere, nella convinzione di stare dalla parte del meglio.

Ma questo accade anche sulla sponda opposta e ancora si ripete in migliaia di modi diversi, in paesi diversi, culture diverse, solamente perché i vertici di formazione spingono in una direzione anziché un'altra.
E' conseguenza degli interessi specifici, non c'è nulla di assoluto, le dittature del pensiero sono dentro casa, in tutto quello che ascoltate e vedete, allargate le braccia, spalancatele e immaginate un solo istante di abbracciare tutto, tutti, anche quelli che apparentemente stanno in posizioni lontane, sono solamente vittime di una trappola di pensiero diverso, potete invertire i ruoli: non cambia nulla!!!

La paura di perdere una certezza non vale quasi mai il piacere di cambiare, ogni volta che acquisite un modello di riferimento poi cercate di condividere il più possibile in quella direzione per rafforzare quel pensiero, quel genere, look o status che sia... i "simili" fraternizzano, creano squadra, stabiliscono livelli e competizioni, *rafforzano la propria posizione e condizione sociale definendo etichette di comportamento, codici, norme e regole, ma avete una minima idea di quanti milioni di codici diversi esistono? Alcuni raggruppano una piccola sfera, amici, familiari, tribù, villaggi... Ma in altri casi ci sono macro-aggregazioni che lavano il cervello a milioni di persone che a loro volta si scontrano in rivalità con aggregazioni diverse e tutti, ma proprio tutti vivono nella difesa incondizionata della bandiera sotto cui sono caduti, intrappolati, adescati e risucchiati, spremono le proprie energie per aderire al regolamento del caso.*

Provate a cambiare orbita, mischiare, mescolare le traiettorie, via questa maschera identificativa che recita buffissimi rituali a seconda che entriate in un hotel 5 stelle piuttosto che in una osteria di periferia, per vivere ad un certo "livello" occorre uno sforzo continuo di travestimento, occorre recitare giorno e notte una parte e tutte le volte che sentite chiaramente di non essere felici non mettete mai in discussione questo deprimente meccanismo anzi, lo difendete, perché magari vi dà denaro, stabilità, possibilità di crescere sì, ma in quale direzione?

Non uscirete mai da questo sistema perché non rinuncerete ai privilegi, al benessere, a quello che avete e quello che potreste ottenere eppure sentite benissimo che non è lì che vi state realizzando però... "non posso, non potete, com'è possibile rinunciare a questo, quello???" le stesse cose che

vi sottomettono diventano una
trappola multiforme posizionata
ovunque, non ne uscirete per scelta
consapevole ma solamente per
rabbia, crisi, disperazione o, quando
va bene, con un po' di fortuna."

10 Novembre 2012

Ora è difficile restare fuori, la sera: banchi di bruma semitrasparente offuscano l'aria e il cielo avvolgendo in una volta opaca la protezione autunnale dei primi freddi, pioggia pulviscolare, si appanna il firmamento e ci sono profumi di legna, difficile vedere oltre questa trama di protezione, ma ci sono altri doni generosi, quei pastelli colorati, ovattati e caldi, foglie cadenti, occhi di madre, sogni di un bimbo incantato che osserva i movimenti delle fronde, traffico accavallato e sovraffollato, fumi e vapori di castagne, un giorno sotto l'ombrello poi sole tiepido e accecante, pronto a tramontarsi verso quel confine tra la terra e il sogno per chiamare tutte le anime al desiderio di un abbraccio. Approdo nei miei pensieri e mi affaccio alla finestra, solamente veli di umidità, ma ormai il varco è stato superato, i ponti collegati e non ho più bisogno di vedere, è sufficiente sentire...

> *"Sì, ci sono veramente momenti di*
> *apertura, di transito e purtroppo*
> *anche di chiusura, ma sono*

solamente attimi, istanti che
rapportati nell'eterno hanno poca
significanza, sono molecole temporali
che possono provocare disturbo,
fastidio, dolore, ma sono sempre e
solamente particelle di un sistema
enormemente più ampio in cui
l'amore e la bellezza sono re e regina
dello stesso impero.

Ma cosa cercate, cosa volete, perché
siete in corsa verso un traguardo,
cosa vi spinge al potere, ad
addomesticarvi l'un l'altro per
primeggiare quando l'unica formula
da ricercare è l'alchimia
dell'equilibrio, il sentiero della pace,

la strategia della serenità? A cosa
serve dominare, sovrastare,
emergere, reggere, controllare,
regnare, prevalere e imperare,
imporsi e scavalcare, forse c'è il
desiderio di una solitudine interiore,
conflitto di rivalità con le bellezze
universali, perché consumare la
meravigliosa opportunità di vita nel
fango del successo personale quando
sapete benissimo che la felicità è un
fiore dell'anima, un frutto delle
vostre radici terrene e terrestri?
Lasciate che siano i campioni o i
potenti a rincorrere tondini dorati
che premiano eletti e vincitori, è la
loro guerra, la loro scelta di
rinunciare alla saggezza per
sacrificarsi nel nome della propria
esigenza di rivalità, quali baratri
sconfinati alterano il loro cammino,
quali inganni devastano la loro
coscienza al punto di rinunciare al
benessere della semplicità e
complicarsi le cose denigrandosi in
campagne elettorali, allenamenti
massacranti, rinunce deprimenti...
Lasciano da parte patrimoni familiari,

trascurano figli e la possibilità di vederli crescere, li affidano a badanti perché non hanno tempo di svilupparsi, devono correre, rincorrere chimere, vincere e rivincere, sono nel conflitto irrisolto dell'oppressione anziché nel giardino di rose del piccolo paradiso di vita.

Non sono i vostri traguardi, non sono né obiettivi né missioni, è un falso successo, sono mine innescate enormemente esplosive, devastano il cuore trasformandolo in un pozzo assetato di posizioni, classifiche di merito, numeri, monete, si truffano a vicenda per spartirsi la torta e si invidiano l'un l'altro misurandosi quantitativamente. Sono loro, solamente loro a rinunciare alla serenità per vivere battaglie senza fine, schiavi del loro stesso sistema sono poco amati e molto detestati, si mirano l'un l'altro, creano schermi, bersagli, strategie, correnti di pensiero e false ideologie, quando qualcosa non funziona più cercano un nuovo treno e cambiano rotta, non

hanno traccia, non hanno indizi,
assediati dalla brama non saziabile
vendono miseria per gloria.

Ma la maggior parte per fortuna non
è nata per questa rincorsa bruciante,
sapete essere, esistere, conoscere,
amare, osservare e ascoltare, vedere
e sentire, non c'è alcun tormento se
non realizzate il successo, avete e
avrete grandi margini di serenità nella
vostra meravigliosa area esistenziale
e, così come donate cibo al
mendicante, donate pietà a chi si
usura per vivere in lotta quotidiana
con l'esercito degli assetati.

Figli di una energia negativa si
cimentano nella tensione,
arricchiscono per poi sprofondare,
successo e fallimento vanno sempre
insieme ma sono solo parametri,
monetari o atletici, quantitativi o
geografici.

Grande è la gioia di chi non deve
rincorrere traguardi, obiettivi
necessari, non ci sono vette ma

solamente sentieri, vivetevi, vivetela
la vita ridipinta di amore, quando
debellerete il mito del successo
riuscirete a gioire nella straordinaria
pace di chi non può fallire.

Lasciate che siano i fanatici a mettersi
in gioco, accettate questa roulette
che sorteggia presunti vincitori per
poi falcidiarli di veleno una vita
intera."

Il grande reticolato cosmico, costituito
da filamenti o pareti di galassie,
racchiudenti enormi spazi vuoti, si è
evoluto da una sovrapposizione
"guazzabuglio" di onde sonore che si
sono propagate nella materia primordiale
circa 13,7 miliardi di anni fa. Le
quattro figure sono simulazioni in
sequenza temporale dello sviluppo di
tali onde sonore intorno a
concentrazioni centrali di materia, e
della loro successiva sovrapposizione
"guazzabuglio".

16-30 Novembre 2012

Accadono molte congiunzioni in questi giorni, di solito le chiamiamo coincidenze, combinazioni di eventi correlati a cui non sappiamo dare spiegazione razionale, si incontrano messaggi provenienti da un qualche altrove, si materializzano desideri come se la polvere magica della creazione lievitasse intorno a me cospargendo di luce silenziosa la mia anima convalescente. Esco da un lungo tunnel di ricerche senza pace, ferite profonde, disincanto, paure, fallimenti assoluti e pareti crollate. Ho visto, sentito le mura di pietra della mia corazza esteriore franare sotto le picconate del dolore, rovine e macerie, abbandonato nel buio torbido di un disperato grido, richiamo di sopravvivenza per riemergere e respirare, ascoltando voci che giungono da un coro sovrano, guide e consulenti del mio cammino a cui devolvo con fiducia il voto di amore.

Dove sono gli angeli, le anime vissute, le forze procreatrici, le energie di origine? Chi ci chiama in questa parentesi di vita per trasportarci sui sentieri della ricerca e della scoperta? Quando avremo la percezione dell'essere senza più barcollare in un vagito labirintico dove tutto e nulla sono sempre la stessa risposta al tutto… e al nulla…?

- *Nella fase delle domande ogni risposta è solamente una conseguenza alle domande stesse. Non è qui il piano di realistica congiunzione tra le infinite forme del pensiero: è una rete di particelle elementari che si tramandano dati emotivi, conoscenze già acquisite, c'è una grande dispersione conoscitiva per studiare le cose che già esistono, per impolverare, ossidare la purezza energetica che è all'origine delle origini, le idee collegano parti di questa sinapsi cosmica ma ne percepiscono una limitatissima parte e su questa minuscola area di conoscenza vengono edificate correnti ideologiche e scientifiche. Il potere è nell'unione, nella sovranità di essere uno e parte di uno, insieme nella luce immensa dell'amore che rimbalza tra pareti interstellari; si manifestano trasparenti esplosioni di*

*luce interiore ma non ci sono barriere
né confini, tutto è unità, tutti sono
l'uno e il tutto... Posizionatevi in
questa concezione del divenire senza
riferimenti temporali, fuori dalle
unità di misura, di peso, di luogo,
arginate le tentazioni che esondano
come artigli devastanti per sfruttare
il grande potere di ogni singola vita.
Ognuno è la completezza, ognuno è
ricchezza, guardare, ascoltare,
pensare, studiare, lottare e
combattere, amare e odiare, ricevere
e donare, volare, correre, accendere e
spegnere, sorgere e tramontare,
ruotare, immergersi, rinascere,
percepire, granelli di sabbia che
respirano nella candida baia,
silenziosi oceani di pace, molecole
agglomerate, unite, congiunte per
darvi l'essere, l'individualità,
fisionomia e carattere, organi,
ghiandole, pelle, tessuti, capillari,
terminazioni nervose, strumenti di
ricezione dei divini segnali proiettati
su tutti gli strati del visibile e
dell'invisibile... esiste, esistono tutti,
ciò che è stato e ciò che sarà,*

*prendete, attingete agli elementi
della genesi universale con la gioiosa
forza di un sorriso, decomponetevi,
ricomponetevi, giocate questo
splendido ruolo e posizionatevi senza
posizionarvi, libertà... così potete
vivere senza l'abito del teatrino
esteriore, entrare nei crateri vulcanici
e moltiplicarvi, dividervi, accarezzare
le venature metalliche dei giacimenti
d'oro, d'argento... non ci sono
estrazioni, non ci sono diritti di
sfruttamento e neppure licenze o
concessioni da pagare.*

*Potete salire, uscire, risuonare nelle
armoniche vibrazioni del passato che
scandiscono musiche di una cetra
viscerale, elio, idrogeno, ossigeno,
carbonio, magnesio, silicio... siete un
composto chimico che studia la
chimica, siete una metropoli di cellule
che studiano le cellule, siete un regno
di atomi che studia gli atomi. Vi
rapportate all'universo esattamente
come ogni singola vostra molecola si
rapporta a voi, noi siamo il vostro
firmamento e voi il firmamento dei*

*vostri atomi, reti collegate
energeticamente ad altre reti
collegate energeticamente che si
collegano ad altre reti sempre
attraverso il passaggio, lo scambio, il
flusso di energia. Posate le cellule
della mano destra sui tessuti del
vostro caldo cuore, riascoltate,
rivivete, ricollegatevi alla nascita delle
nascite, quando le fornaci
termonucleari della vostra anima
hanno dato vita all'essenza
dell'essere, al Grande Dio, unico e
uno, di cui voi siete unicamente
parte, unicamente tutto...*

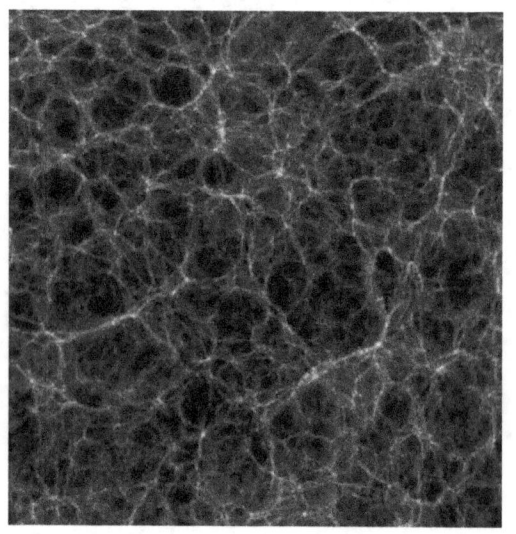

Distribuzione della materia oscura
(misteriosa, invisibile, preponderante
nell'Universo) e delle galassie su scala
molto grande (circa un miliardo di anni
luce) in una simulazione effettuata con
supercomputer.
Evidente il complicato "Web Cosmico",
una sorta di reticolato in cui le
galassie associate alla materia oscura
sono disposte in filamenti o pareti, e
in ammassi e superammassi alle loro
intersezioni; tra i filamenti si aprono
enormi spazi vuoti.

6 Dicembre 2012-12

E così, via via ascoltando, riflesso nel baricentro intimo che riceve queste frequenze magnetiche di amore proiettato nei milioni di millenni della trascrizione cosmica, accadono eventi diversi, anche il destino forse ha una piega temporale in cui esiste come unità psicofisica, dimensionata, relazionata, forse ogni nostro pensiero non è altro che la lettura in questi strati paralleli, forse il varco tra la fantasia e la percezione della realtà è solamente simbolico e le chiavi sono qui, nel cuore, in noi e tutto può verificarsi, purché immaginato. Quante migliaia di risposte esistono per ogni singola domanda? E quante convinzioni contrastanti tra loro? Qual'è lo scopo della discordanza, perché non siamo già stati progettati nella perfezione e soprattutto: perché è stato creato il dolore, la rabbia, l'infelicità, il rimorso, il rimpianto, la sofferenza, lo strazio... che bisogno c'era se non quello di avere tutto in noi, a volte possiamo scegliere, spesso dobbiamo subire, non c'è arbitrio nel modo di essere, nelle scelte emotive, possiamo solamente difenderci, rinchiuderci, trasformare lo spazio esistenziale in un bunker sotterraneo e selezionare gli eventi, i contatti, limitare il pericolo pagando a duro prezzo la rinuncia verso le terre dell'amore e della luce.

- "No, c'è spazio a tutto e per tutti, dovete percepire quest'area creativa in cui tutto si può liberare, come masse gassose infuocate anche voi potete esplodere, nel calore e nella bellezza, contagiando anime raffreddate dal dolore, è la catena, la rete, l'alleanza, la fratellanza, queste sono le vostre risorse segrete, uniche, non estinguibili, patrimonio di una razza altamente selezionata, elevatissima, geneticamente culmine di una evoluzione che può giungere oltre solamente con la fusione, l'amalgama eterogeneo che arricchisce e aumenta il potenziale espressivo e conoscitivo... Polarità, bipolarità, chiaroscuri di una tinta monocromatica, trasparenze opache, luci oscure, ombre luminose, forme indefinite, materia, non-materia, quanta confusione fate con l'essere e

164

il non-essere, la vita e la non vita, il prima e il dopo, questioni di punti di vista, di principio, di rispetto, di onore, di carattere, di coerenza, di logica... tutto per voi è predefinito, preconfezionato, tangibile o inesistente, dimostrabile o infondato, documentabile o non-credibile, attestabile, verificabile, controllabile, documentabile... oppure...

Oppure cosa?

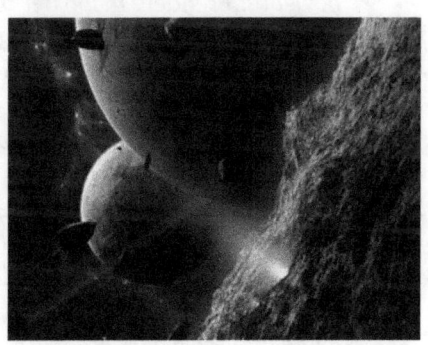

Altrimenti non esiste? E tutto quello a cui non avete ancora saputo dare risposta cosa credete, che non sussista, non ci sia? Tutto è, tutto avviene, tutto accade, tutto

sopravviene, capita, sopraggiunge, proviene e precede, segue e scompare, esplode o implode, inizia e finisce, riparte, appare, rinasce, tramonta, si avvicina e si allontana, è un movimento continuo di miliardi, miliardi, miliardi di stelle nelle pareti celesti e a cosa serve discutere tutto questo? Non vi accettate? Non vi amate? Siete governati? Non sapete né scegliere né decidere? A cosa servono le rotte se non scegliete di navigare? Prendete mano per mano i vostri figli, gli anziani, bambini e adulti, ragazzi e signori, gettate le corone del potere in un antro vulcanico e rendete a vostra madre ciò che non vi appartiene, ori e diamanti, brillanti e gemme preziose di cui vi adornate profanando il cuore della Terra, scavando ferite di sangue per giocare alla felicità: più pietrine avete in tasca e più siete felici... Ma basta, ora! Quanti soli dobbiamo accendere perché possiate capire, sentire, affacciarvi sul cratere e gettare dentro questo peso costosissimo e inutile per cui da

millenni vi uccidete, vi umiliate, vi
rovinate... la risorsa è il vivere, non il
possedere, l'unirsi e non il
combattersi!

Ma a poco serve tutto questo se non
c'è il coraggio di reagire, rialzare lo
sguardo dal suolo e respirare aria
profonda, allargare le braccia, un solo
malvagio rende in miseria milioni di
anime libere!

**Qui devono gridare le ali della
libertà!**

Qui deve dischiudersi la voce
dell'amore, le corazze non vanno
posizionate a difesa del dolore:

nessuno potrà ferirvi se siete
nell'azione del cuore, nelle energie
della coscienza e non importa cosa
fate, ma solo **come** lo fate, come siete
posizionati rispetto al vostro campo
d'azione, quanto siete assolti dentro,
non fuori, a cosa servono i polsi liberi
se avete incatenato le vostre scelte, le
vostre decisioni e sacrificato il dono
del potenziale evolutivo, se vi limitate
a consumare, bruciare tempo e
risorse, non avrete necessariamente
altre scelte, possibilità, alcuni
ritornano, altri vagano nelle aree
periferiche del nulla lontano ma
questo è il forse, il poi, il dopo, il
futuro che sarà, il tempo che sta per
giungere e che voi chiamate 'futuro'."

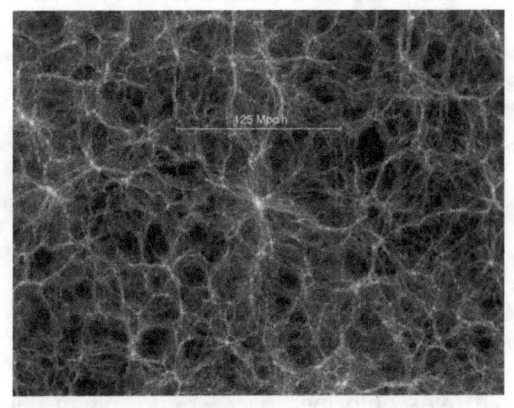

Simulazione tramite supercomputer della
distribuzione della materia oscura e
delle galassie su scala molto grande
(barra: 407,5 milioni di anni luce; lato
lungo dell'immagine = circa 1,2 miliardi
di anni luce). [Millennium Simulation,
Virgo Consortium.]

13 Dicembre 2012

Poi le stelle si incontrano, perché la luce attira la luce e l'amore si fonde nell'amore, il cuore pulsante è un battito vitale, solare, una forza scagliata nelle viscere dell'infinito perché possa giungere ovunque, rimbalzando sulle pareti marginali che si espandono per contenerlo, cosmicità, gravità, potere di attrazione per giungere nell'altrove più totale, propagarsi e contagiare mondi incontaminati, galassie vergini, un richiamo protoplanetario affinché tutto si possa unire, congiungere, cuori solitari, anime in cerca di una mano, lo sguardo rivolto al cielo della notte è come un telescopio iperbolico che si spinge nei millenni-luce, alimentato dal desiderio di origine del nostro cuore che sogna di battere nel nucleo di un altro cuore, unirsi e fantasticare, nuove vite, nuovi corpi, nuove vibrazioni...

- *"Il cuore è posizionato nell'ovunque, così come l'amore si posiziona nel tutto, vita è tutto ciò che accade e il tempo una frazione di eventi simultanei che si verificano nella*

stessa unità energetica, simultaneità
sincronica, sono incroci collimanti,
sentieri dello spazio che si uniscono
affinché ogni singola parte
dell'universo abbia la possibilità di
crescere nell'amore, nella bellezza,
nello splendore eterno di quell'attimo
di congiunzione. Non c'è un prima o
un dopo, un inizio o una fine, la legge
di libertà prevede che tutto possa
essere e divenire nel mentre in cui
viene creato.

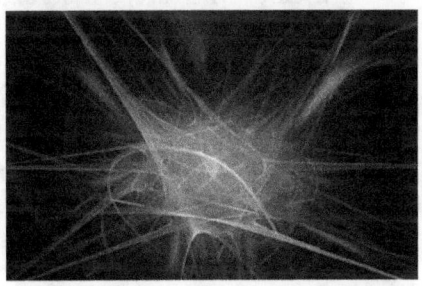

Ci sono fusioni, che portano ad uno
stato diverso dell'essere, maggiorato,
migliorato, rievoluto, la solitudine è
solamente la condizione che si
verifica prima di questo impatto, non
esistono persone sole, spiriti smarriti,

*è un movimento continuo in uno
spazio che può essere minimale o
enormemente dilatato ma tutto
porta all'incontro, non sentitevi
isolati perché nessuno è lasciato al
caso, non sentitevi nel vuoto perché
siete e sarete sempre nel tutto, ci
sono traiettorie e ognuno ha il dono
potente di orientarsi, dirigersi,
esplorare, gravitare e attirare,
respingere, penetrare, avviare un
processo di nucleosintesi per unirsi,
ricreare, procreare, è straordinario
questo processo superiore che
collega ogni singola parte all'insieme
degli insiemi, ecco la grandezza e la
bellezza dell'amore, energica fonte di
concezione del nuovo che determina
il nascere e il rinascere.*

*Ora potete scendere dai grandi
sistemi planetari e riatterrare
ciascuno nel proprio 'sè'... attraverso
i percorsi dell'amore potete
ripurificarvi, riformarvi, ricostituirvi,
ricomporvi, accogliere nella vostra
singola realtà una realtà parallela e
percepire la grande espansione del*

vostro cuore... Siete materia
plasmata nella perfezione, il pensiero,
la ragione, i sensi della percezione e
quelli dell'intuito, la capacità di
apprendere e dividere, moltiplicare,
ascoltare e dialogare, sentire, vedere,
toccare, sperimentare, chiudere gli
occhi, riaprirli, uscire dalla sfera
individuale e accostarvi alla stella
polare che ha chiamato con il suo
potere di seduzione la vostra anima.

Continuate a credere, a vivere, a
sognare, aprite le mani e alzate lo
sguardo, respirate, riempitevi dei
colori del cielo e delle sfumature
magiche che risuonano nelle
armoniche dell'universo, avvicinatevi

senza paura e lasciate le inutili polveri
del carattere, della convinzione, del
pregiudizio, del controllo, del metodo
e della schematica, abbandonate
queste ceneri primitive che
seppelliscono la purezza delle fiabe
per offuscare la semplicità del dare e
del ricevere come nubi anticicloniche
che si interpongono tra voi e la luce
del calore, sereni come un cielo
sereno, trasparenti come acqua
sorgiva, aria limpida e inviolata,
cristallini fratelli di un unico padre
che cercano luminose sorelle della
stessa madre, uguaglianza, equilibrio,
parità, solidarietà, completezza,
comunanza, tutto già esiste ed è
pronto da cogliere, accogliere,
amare...
Ricongiungetevi nel vostro corpo,
sentite il vento sulla pelle e porgete il
palmo alla mano che vi sta cercando,
alzate le palpebre e osservate la
bellezza che ridipinge nei colori
dell'amore la meravigliosa anima che
si dona al vostro cammino, donatevi a
lei, spogliatevi, nessun abito, nessun
peso, nessun pensiero, amatevi nel

nulla con tutto voi stessi, unite le labbra e scambiatevi un bacio ♥ per collegarvi nell'eterno, avete braccia per stringervi e mani, dita per sentirvi ed esplorarvi, corpo su corpo per formare un nuovo, unico organismo che darà vita ad altri corpi, penetratevi, compenetratevi, rimaterializzatevi, quello che prima era sogno ora si realizza, ecco la grande magia di questo varco che unisce, consente di passare da un regno all'altro, porta di luce verso la felicità assoluta, siete pronti, lo siete sempre stati, continuate a crescere, unirvi, fondervi, ogni singolo 'essere' è un universo completo, quando lo sguardo dell'amore si posa nel vostro cuore tutto si scalda e ricompare, è finita l'era glaciale dell'odio, della sopraffazione, del rifiuto, della digressione, ora le forze convergono nel maschile e nel femminile, pianeti e stelle, fantasie, pensieri, poesie e musiche, dissetatevi alla fonte dell'amore, unico elisir per la vostra eternità, donatevi per ricevere, nessuna completezza può verificarsi

nelle orbite dell'avidità o della paura,
della presunzione o dell'ipocrisia,
siete luce nel regno della luce,
assaporatevi, godetevi, ridefinitevi,
amateci così come noi vi amiamo,
esplodetevi, implodetevi, organi che
confluiscono nel cantico delle
creature e della vita, finché sarete
vita sarete amore.

- *L'amore è eterno.*

- *Ogni storia d'amore è parte di questa eternità.*

Che senso ha perdere il senso della vita...?

E' sufficiente manifestare i propri doni, esprimerli, alcuni hanno il senso dell'intuito, altri della logica, della forza, del coraggio, alcuni coltivano e altri raccolgono, alcuni esplorano, altri disegnano, scavano, edificano, ricercano, sperimentano, raccontano, tramandano, custodiscono, aiutano e sussistono, qualcuno si raccoglie nell'isolamento, nel timore di un dio repressivo che aggredisce la sua anima ma non è quella la forma creativa che ha partorito i semi della ricchezza... quelle sono ombre, regioni oscure, forse racchiuse nei profondi tunnel spaziotemporali, nei filamenti di polvere da cui nasceranno, un giorno, le nuove stelle.

Ma la fusione tra questi grandi progetti individuali può originare l'immensa armonia, come una cetra dalle mille corde suonata da mille mani: non è la preghiera la strada per

*giungere al cuore dell'universo, tutto
si espande per accogliere volumi
sempre più ampi di forme
energetiche, apritele queste mani per
accogliere la pioggia, apertura, come
un passaggio tra il prima e il dopo, tra
il forse e il sicuro, il mentre, il
trapassato, l'esistito, il divenire,
quando vedi la luce proiettata
miliardi di anni fa riesci ancora a
soffrire per il ritardo di qualche
minuto?*

*A discutere le ore, i giorni, l'età
biologica...*

Chi sei?

Quanti atomi hai?

*Chi ha scritto la tua sequenza
genetica e soprattutto chi ha
innescato il processo di vita per cui
hai preso luce, animato da scintille
splendenti che possono giungere
nell'ovunque, con la semplicità del
sogno, dell'abbandono,
dell'ascolto... apri le palpebre e*

preparati al risveglio, dischiuditi
come un fiore planetario figlio di un
seme cosmico, è <u>ora di germogliarti</u>
nel sistema solare, alimentarti di luce,
dissetarti di amore... stai per
divenire, trasformare, evolvere,
abbracciare tutto, tutti, stai per
passare dalla solitudine del silenzio
interiore alle musiche che chiamavi
paradiso e ora sono, semplicemente, i
raggi caldi del tuo sguardo liberato
dai pregiudizi, dalle incertezze,
incomincia a trasmettere per
ricevere, ad amare per amore, non c'è
nulla da chiedere, alzati e vola, hai già
tutto, sei già nel sempre, ti
osserviamo, ti ascoltiamo, ti
abbracciamo, è l'alba di un nuovo
giorno, dipinto sulla tela fiorita, rosa
pallido, giallo primo sole, profumo di
rondini, sipario di nuvole... entra in
scena il domani, lascialo accadere, sei
pronto per accogliere tutto...
insieme a tutti... "

Si spengono così... nelle luci del mattino,
gli amici, la compagnia di una lunga notte
durata molte notti, forse era solamente la

voce della mia coscienza, forse un riascolto mnemonico dei miei pensieri o delle mie esperienze... Certamente ci sono strade superficiali per limitare la conoscenza e stratificarla ad una soglia predefinita, ci sono tanti percorsi e in molti casi è così semplice stare al punto di partenza, rafforzati da quello che già conosciamo, rassicurati dall'assenza dell'ignoto.

Ma poi, quando i sogni, le voci, le persone scomparse, le stelle si accendono e la nostra anima ci chiama ad un ascolto superiore... non è sicuramente quello il momento di inginocchiarsi impauriti e supplicare presunte divinità del mistero, ectoplasmi oscuri che opprimono e reprimono, inquietanti e soffocanti, deprimenti alterazioni della gioia che deformano la vita trasformandola in un labirinto senza uscita, un vicolo cieco per sordomuti incatenati... no...

!!!!!!!!!!!!!!!!!!!!!!

SAPPIAMO che non è così ed è per questo che lasciamo l'impronta delle ginocchia sulla sabbia e ci prepariamo ad accogliere il grande oceano dell'eternità, cancellando come onde cariche di luce i segni e le presenze del dolore, le macchie di chi ha edificato il culto per immolare anime impaurite...

Non sono io, non saremo noi... cambieranno le unità di misura che rapportano la nostra vita alla biosfera, un rapporto di amore nell'amarsi, fiduciosi di ciò che sentiamo senza le ruggini della polverosa storia che ha oscurato le gioie umane per millenni interi.

Uscire da questi meandri repressivi significa compiere Grandi Imprese emotive, ridipingere il destino che sembrava predefinito, acquisire un nuovo spazio motorio su nuove dimensioni, è la bellezza del completamento assoluto, l'aria di una libertà espressiva svincolata dal logorante circolo degli schemi e dello schema per uscire dagli schemi. Io, noi, voi, tutti... vicino e insieme, verso le luci mistiche di un orizzonte nuovo, disteso, multiforme, eterogeneo, aperti verso il carico di energie universali che si propagano tra le fasce planetarie e scorrono, onde pulsanti che increspano le finestre di profondità estrema per giungere lì, esattamente al principio sorgivo, codice di tutti i codici, attimo di tutti gli attimi, materia unificata, dna dell'universo, nulla si distrugge e per sempre saremo indivisibili, insieme, abbracciati come bimbi emozionati di fronte all'infinito...

Nebulosa planetaria "farfalla"
(distanza: 3.800 anni luce) - morte di
una stella 5 volte la massa del Sole; la
stella centrale non è visibile in quanto
all'interno di un anello di polveri. Una
grande gigante rossa perde i suoi strati
esterni; parte del suo gas viene espulso
dall'equatore a relativamente bassa
velocità, creando l'anello; altro gas
viene espulso perpendicolarmente
all'anello a più alte velocità, formando
una struttura bipolare o a clessidra (le
ali della "farfalla"). Immagine fornita
dal telescopio spaziale Hubble.

Concludo questo lavoro negli ultimissimi giorni dell'anno solare 2012, caratterizzato da momenti di estrema difficoltà, passaggi delicatissimi e impegnativi che mi hanno condotto al cielo, verso una sorgente di ricerca in cui si erano smarrite le tracce del magico abbraccio materno che ha riscaldato il mio primo respiro.

Ho seguito il tiepido volo delle rondini che ascendevano oltre le nuvole, lassù, così in alto e così oltre che non c'erano grida da ascoltare nè lacrime da donare.

Nel freddo silenzio di primavera ho invocato domande, supplicato risposte...

E ho iniziato a dipingere queste pagine, memoria del dono più grande che io, tu, tutti abbiamo ricevuto.

La vita.

Le illustrazioni alle pagine
1 – 26 – 74 – 119 – 140 – 158 - 164 - 171 - 185

provengono dalle seguenti fonti : ESA, NASA, Virgo Consortium, Berkeley Lab e Sono state gentilmente fornite dal prof. Giancarlo di Colbertaldo (conferenziere astrofisico)

(cit.) "Da dove veniamo? La risposta a questa domanda è racchiusa nelle profondità dell'Universo, e costituisce la più grande motivazione per il suo studio."

Un abbraccio alla luce di mia madre e all'amore di mio padre, ai miei figli adorati, a Paola, Giorgio, Scricciola.

Ogni mia informazione o evento nel sito: www.paologoglio.com

*Dedicato al piccolo cuore di una stella
lontana, partorita nel regno delle fiabe e
smarrita nell'immensità dell'amore.*

*Ora i tuoi sogni sono i miei sogni, la
nostra vita una nuova vita*

♥